「孤独」は消せる。

私が「**分身ロボット**」でかなえたいこと

ロボットコミュニケーター
吉藤健太朗

サンマーク出版

オリィ研究所

国内&国際特許出願中の「デジタル透明文字盤」

「オリィ研究所」の創業メンバー。右から結城さん、椎葉さん、著者。

「人」と「人」をつなぐ 分身ロボット OriHime

ＯｒｉＨｉｍｅはロボットです。しかし人工知能は搭載されていません。
なぜなら、ＯｒｉＨｉｍｅを動かすのは、「人間」だからです。

- 病気の療養や身体的問題で外出ができない人
- 単身赴任で家族と離れて生活しなければならない人
- 精神的な理由などで学校に行けない人
- 育児や介護、ケガなどが理由で出勤ができない人

行きたいところに行けない人にとってのもう一つの身体、分身となるのがＯｒｉＨｉｍｅです。ＯｒｉＨｉｍｅに搭載されたカメラ・マイク・スピーカーを通して、遠く離れた場所にいる大切な家族や友人と「まるで一緒にいるような」コミュニケーションをとることができます。

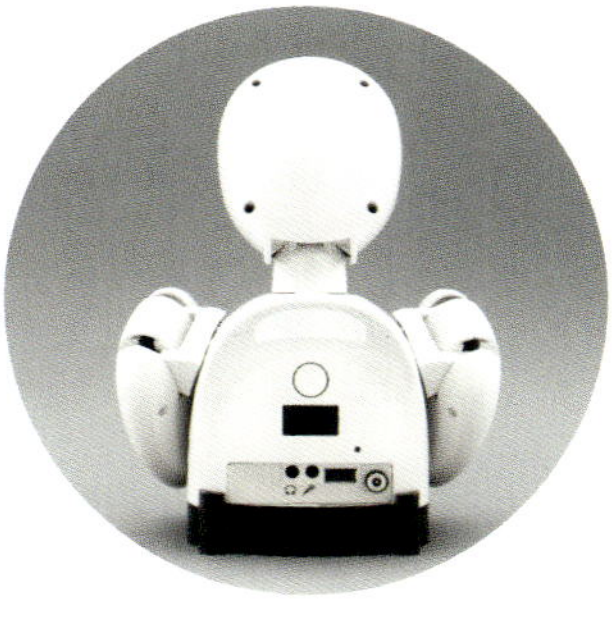

OriHimeの特徴

1 かんたん操作

使用者のパソコンやスマートフォンに、あなたの分身となるＯｒｉＨｉｍｅが見ている視界が映ります。簡単な操作で、ＯｒｉＨｉｍｅの首を上下左右に動かし、周囲を見渡すことができます。会話の音量調整やボタン操作で、「挙手」や「拍手」などの多彩な身体表現が可能です。また、手が自由でない方に向けて視線入力による操作や、１クリックだけで操作、文字の発話ができるモードもあり、誰でも簡単にＯｒｉＨｉｍｅを操作することができます。

2 本人に見えてくるデザイン

能面を参考にした顔のデザインは、ＯｒｉＨｉｍｅの周りにいる人々に使用者の表情や存在感を違和感なく想像させることができます。それにより、テレビ電話とはまったく異なる、まるで「操作者と同じ空間に一緒にいる」感覚が得られます。

3 多感な感情表現

初めから登録がされている10の動きと自由に動かせる腕の動きを会話のあいだに入

れることで、使用者の感情表現をより豊かにします。風邪や会議中で声を出すことができなくても、頷いたりしながら、しっかり聞いている感じを表現できます。

OriHimeの導入事例

学校へ通う

病気やケガでの長期入院、精神的な理由での不登校など、教室で授業を受けることができない方も、ＯｒｉＨｉｍｅを使って授業に参加することが可能です。

仕事をする

病気や身体的問題から介護を必要としていて、家の外での活動が難しい方などでも、ＯｒｉＨｉｍｅを使って、会社に出勤するのはもちろんのこと、家庭教師として、通訳として、さまざまな仕事を担うことができます。

国境を越えて友人の結婚式に参加する

大切な人の結婚式に、どうしても参加することが難しくても、ＯｒｉＨｉｍｅを出席させれば、リアルタイムで祝福をすることができます。

ＡＬＳ患者さんのコミュニケーションツールとして

体のあらゆる筋肉が動かなくなってしまう難病ＡＬＳの患者さんが、目しか動かなくなってしまっても、視線でＯｒｉＨｉｍｅを操作し、文字入力や発話を通して友人や家族と交流することができます。

家族と過ごす

遠く離れたお孫さんや、いろいろな理由で一緒にいられない家族と、ＯｒｉＨｉｍｅを使って、まるで一緒に過ごしているような感覚を得られます。

好きなところに出かけられる

ベッドから起き上がることができない人でも、ＯｒｉＨｉｍｅを連れ出してもらうことで、お花見や、旅行など、好きなところに出かけることができます。

身体的問題や距離で行きたい場所に行けない人々が、自由に行きたいところへ行けて、会いたい人に会えて、社会に参加できるようになる。身体が運べなくとも、心を運ぶ移動手段。そんな未来を実現するためにＯｒｉＨｉｍｅは誕生しました。

OriHime開発の歴史

2010年 7月　OriHime 0号誕生　人型オリヒメ
2011年 3月　OriHime 小型バージョン
2012年 1月　OriHime ぬいぐるみ外装、ケンタロイド
2013年 8月　OriHime ベータ
2013年10月　OriHime ガンマ
2013年12月　OriHime ガンマII
2014年 2月　OriHime 人型オリヒメ2
2015年 1月　OriHime デルタ
2015年 3月　OriHime ガンマデルタ
2015年 7月　OriHime イプシロン
2015年 9月　OriHime ガンマイプシロンI
2015年12月　OriHime ガンマイプシロンII
2016年 2月　OriHime ガンマイプシロンIII
2016年 7月　OriHime ゼータ

OriHimeのレンタルについて

ＯｒｉＨｉｍｅは月単位のレンタルでお使いいただくことが可能です。
レンタルサービスの詳細については、こちらからお問合せください。

株式会社オリィ研究所
http://orihime.orylab.com/

吉藤健太朗について

ＯｒｉＨｉｍｅはロボットではなく、私自身です。私の目であり、口であり、耳であり、家族や友人たちとのコミュニケーションを、距離を超えて実現させてくれる、私の身体《からだ》の一部です。

元メリルリンチ日本証券会長　藤澤義之

吉藤さんとの初めての出会いは、アキレス腱《けん》断裂で入院していた病院のベッドの上。ＯｒｉＨｉｍｅの第1号ユーザーになりました。孤独の解消に対する「熱」と、絶対に世界を変えるという「勘違いする力」に見事巻き込まれています。ここまで空気を読まずに突っ走る人には滅多に出会えませんから。

株式会社リバネス　代表取締役ＣＥＯ　丸幸弘

まだ大学生だった彼のプレゼンを初めて聴いたとき、コンセプトの面白さ以前に、「ああ、夢がつぶれてしまわないように大人が支援しなければいけないな」と感じました。どうしてか？　周りの人たちが彼を支えたくなる一番の理由は、関わるみんなを心から「わくわく」させてくれるからです。

社会福祉法人　仁生社　江戸川病院　腫瘍血液内科副部長、
感染制御部部長、がん免疫治療センター長　明星智洋

吉藤健太朗くんの高い志に心を打たれました。情熱と高い志を持ったオリィ研究所を、今後も応援し続けます！

株式会社浜野製作所　代表取締役CEO　浜野慶一

吉藤くんが高校2年生のときに、当時私がプロデューサーをしていたJSECという科学技術コンテストで出会いました。文部科学大臣賞を受賞し、一緒に米国での世界大会に出場。世界3位に輝きました。早稲田大学に進学後も、干支《えと》一回りの年齢の差を超えた親友として、深く男同士で語り合いました。今も進化し続ける人間「吉藤健太朗」を強く誇りに思います。

一般社団法人 元気ジャパン 代表理事、株式会社XPJP 代表取締役社長
ソーシャル・デザイナー 渡邉賢一

皆さん、これが「本当に、人と人同士がつながるロボット」です。

株式会社ユーグレナ 代表取締役社長 出雲充

難病ALSは安楽死する人さえいる過酷な病。そして、患者さんが何より恐れているのは、コミュニケーションが閉ざされて永遠に孤独になること。オリィくんは、患者を殺すのは病気じゃなくて、孤立させられることだって知っている。だから、患者さんを放っておけないんだなって思っています。

ノンフィクション作家 川口有美子

オリィさんと初めて会った日を忘れない。自分がデザインした「黒い白衣」に身を包み、理路整然とアイデアを話す姿は、通り過ぎてゆく風のように颯爽《さっそう》としていた。しかし、けっして優しいだけの風ではない。それは爽やかに吹きながらも、台風一過の青空のように、まぶしい光を放たせるための風なのだ。

株式会社サンマーク出版　取締役　鈴木七沖

オリィ研究所が立ち上がってから何年も経《た》ちましたが、オリィさんのビジョンはあの頃からまったく揺らぎません。オリィさんの熱意は、会社の最高の財産です。誰もが「会えない人に会いに行ける」よう、より良いＯｒｉＨｉｍｅを一緒につくっていこう！

株式会社オリィ研究所　共同創設者、最高情報責任者　椎葉嘉文

吉藤さんのこと

初めて吉藤さんと会ったのは、私がまだ高校1年生だった2006年12月、JSEC（高校生科学技術チャレンジ）で優勝したときの授賞式会場でのことでした。

私は「水流中における空気柱の発生についての研究」を発表し、その年の優勝にあたる文部科学大臣賞とYKK特別賞をいただきました。小学生の頃から身近な不思議をずっと研究してきた私にとって、とても嬉《うれ》しい受賞です。

「はじめまして。2004年度OBの吉藤です。今度、ファイナリストが集まる会を開きますから、ぜひ参加してください」

授賞式の直後、紫のタートルネックに、黒くて長いコートのような奇妙（？）な服装で現れた彼の姿に、女子校育ちの私は正直なところ引いてしまいました。とっさに、

「ありがとうございます。ぜひ参加したいです」

と返しましたが、笑顔が引きつっていたかもしれません。

吉藤さんは２００４年、「電動車椅子の研究・タイヤホイールの開発」でやはり文部科学大臣賞を受賞していました。

ＪＳＥＣで受賞すると、米国で開催される世界最大級の科学技術大会ＩＳＥＦ(International Science and Engineering Fair「国際学生科学技術フェア」)に招待される特典がつきます。

これは、今では世界75以上の国と地域の約７００万人から選ばれた約１７００人の高校生が、自分たちの研究を披露しあう科学研究コンテストのことです。上位の賞ではノーベル賞授賞式に参加することもでき、「科学のオリンピック」とも言われています。

ＩＳＥＦに行けることを飛び上がるほど喜びましたが、その強化合宿の前日、突如結核を宣告されました。１年ほど前から咳《せき》が続き、ＪＳＥＣの授賞式の前後には肺炎と治癒を繰り返して通院をしていましたが、３か月後に吐血し、ようやく結核であることが判明しました。

「緊急入院をしてください。進行がひどいため、危険な状態です」

宣告された当日、家から車で1時間離れた隔離病棟に入院をしました。渡米はもちろんのこと、家にも帰れず、学校に行くことも、病棟から出ることもできません。

そんな日々が3か月続きました。


心は元気なのに誰とも会えない。学校にも行けませんし、友達に会うことも、飼っていた猫に会うことすらできません。身体《からだ》さえもうひとつあれば、どこへでも行けるのに……。悔しく遣る瀬無い毎日を過ごし、3か月で退院、半年で学校に復帰をしました。そのときの記憶は喜怒哀楽すべて、いまだ心に刻み付けられています。

それから1年後の高校2年生のとき、2度目のJSECに挑戦し、受賞した私に、吉藤さんがお祝いの言葉を伝えに来てくれました。それが彼との再会でした。

そのときに初めて「OriHime」という分身ロボットの構想を聞きました。

「それって私が結核の療養をしているときにほしかったものだ！　そのロボットを、あのときの私みたいな人たちに届けたい」と、「人間の孤独を解消する」という彼のコンセプトにも心から共感しました。

吉藤さんが早稲田大学の在学中に立ち上げた「オリィ研究室」でロボットのプロトタイプを完成させた頃、私は国際基督教大学に進学して経営の勉強をしていました。ロボットの開発&制作には膨大な資金力が必要ですが、まだ構想や試作段階では、なかなか寄付も募れません。

ならばビジネスコンテストに応募して、開発資金を調達するのと同時に、ビジネスモデルへと落とし込むのはどうだろう？　そのような発想に、吉藤さんも面白さを感じてくれて、２人でビジネスプランを描き始めました。

その後、「早稲田ビジネスプランコンテスト」や「キャンパスベンチャーグランプリ」「学生起業家選手権」などでたくさんの賞をいただき、ＯｒｉＨｉｍｅの開発が進んで、事業化もより具体的になりました。

いろいろなことが順調に進み始めたとき、私は1年間でしたがイギリスのUniversity College Londonへの留学を決心します。経営学をより深く勉強することが目的でしたが、イギリスと日本という遠隔の打ち合わせを重ねながら、ＯｒｉＨｉｍｅを世界中に広める足がかりとして、様々な国の知り合いができたことも喜ばしい成果でした。

帰国後、私たちは２０１２年に「株式会社オリィ研究所」を設立し、その年に青年版の国民栄誉賞である「人間力大賞」を受賞しました。

２０１４年には、「みんなの夢ＡＷＡＲＤ４」でグランプリを受賞、朝日新聞社が発行する週刊誌「ＡＥＲＡ」では「日本を突破する１００人」にも選ばれました。また２０１６年の2月には、世界的な経済誌として有名な米国の雑誌「Ｆｏｒｂｅｓ」で、「アジアを代表する30歳未満の30名」に選んでいただきました。とても光栄なことです。さらにはテレビや雑誌にも取り上げられ、コマーシャルにまで出演するほど、吉藤さんの露出も増えています。

２０１５年７月７日からスタートしたＯｒｉＨｉｍｅのレンタル事業も順調に需要が伸びていて、２０１６年７月には新バージョンもリリースできました。

メディア露出が増えたことで、全国からたくさんの問い合わせや応援の言葉をいただき、力づけられながら毎日を邁進《まいしん》しています。

「人間の孤独を解消する」

吉藤さんが掲げた壮大なテーマですが、経営陣それぞれの個性を活かした独自視点から、「オリィ研究所」らしい抜群のチームワークを発揮しつつ、テーマに挑んでいます。

吉藤さんは夜行性で、物忘れが激しく、常識知らずで、空気を読まないし無茶ばかりするし、いつまで経《た》っても子どものよう。でも、人をわくわくさせ、常識を打ち破り、空気をつくり変えてしまう新しい発明をいつも子どものような顔でつくってくる。

つまるところ、彼は天才なんです。

きっとこのパワーはＯｒｉＨｉｍｅだけにとどまらず、多くのものづくりに活かされることでしょう。
経営者の１人として、また長年来の友人の１人として、これからも吉藤さんから目が離せません。

株式会社オリィ研究所　共同創設者、最高財務責任者　結城明姫人は出会う生き物である。

プロローグ

気が遠くなるほど天井を眺め続け、不安に押しつぶされないために何も考えず、時間が経過することばかりを待つ経験をしたことはあるだろうか。
誰かと話したいけれど、嫌われ、傷つき、劣等感を感じることが怖くて、人と会えない。人目を避け続け、そのうち日本語までがうまく話せなくなった……、そんな経験はあるだろうか。

「孤独」

11～14歳の頃、私はその真っ只中にいた。
無気力になり、身体《からだ》の痛みを感じながら寝ることにも疲れ、ただただぼーっとしているだけの毎日……自分を必要としてくれる人なんて誰もいない、むしろ生きていることが迷惑なのではないかという気持ちが強まり、さらにネガティブになって人を遠ざける負のスパイラルに陥っていた。

とにかく感じていたのは**「孤独感」**だった。それは物理的に1人になることをいうのではなく、「誰ともつながりを感じられず、この世界に居場所がないと思ってしまう状態」のことをいう。

「孤独」はうつ病や認知症につながると言われているが、それは間違いではなく**「本当にそうなってしまう」**というのが私の所感だ。11〜14歳までの3年半、思い返せば長い人生のたった3年半だが、家にいて何もしていないときは1日1日が異常に長く、永遠に続くように感じられた。今でも静かな場所で時計の針の音を聞くと、あの天井を見つめていただけの自分を思い出すことがある。

それは、けっして私だけの体験ではないだろう。おそらく私よりもはるかに深刻に病気、障害、置かれた場所など、様々な環境によって「孤独」のストレスに苦しめられている人が世の中にはたくさん存在している。あまり知られていないのは、その問題が、人目に触れない施設や家の中で起こっているからである。

私がその環境を脱することができたのは、ある1人の先生との**「出会い」**からだった。今思えば、不登校だった私にたまに会いに来てくれる学校の担任や友人、両親の支えもあったのだが、それ以上に強く、ある1人の先生に魅せられ、憧れの目標ができたことで気持ちが前向きになった。意欲も回復し、学校にも普通に通えるようになった。

人生の大きな変化は、人によってもたらされる。

テクノロジーが進歩し、インターネットで世界中の誰とでもリアルタイムにやりとりができて、ネットで注文したものが即日届くこの時代。それでも我々は毎日顔を洗い、着替え、時間をかけてバスや電車に乗って教室やオフィスに集まる。なぜだろうか。朝起きて仕事に行く準備に1時間、片道1時間の通勤を1か月間も続ければ、その時間だけで約3日分を費やしたことになる。1年続ければ、およそ1か月分だ。それでも我々は移動をやめない。それは一体なぜか。

おそらく、人は人に会うために外に行くのだ。
人の営みに参加するために、我々は外に出かけるのだ。

病気や怪我《けが》などで、歩くことが難しい人が移動するためには、車椅子などの補助が必要だ。孤独体験を経て高校に進学できた私は、師と仰ぐこととなった先生や学校の仲間と共に、安全かつ快適に走行できる車椅子の研究開発を行うことにした。
傾かず、段差も登れる新機構を搭載した新型車椅子の発明は、米国で行われた科学技術の大会でも高く評価していただいたが、その後の私は、実際は車椅子にも乗ることができない人、高齢者、障害者、病人などが、かなり大勢いることを思い知らされることになる。

身体が運べないなら、せめて心を運ぶ車椅子はつくれないか。
〝自分の存在〟を運び、居場所をつくることはできないか。
ＳＮＳやテレビ電話ではなく、本当にそこに行ったと思える移動手段。

情報ではなく存在そのものの伝達。

身体が動かせなくても、リアルな人と出会い、友人と思い出をつくり、人から必要とされ、社会にも参加できる……そのような技術。

その方法を考えることが、世の中の「孤独」を解消することにつながると考えた。

人は、人に出会う生き物なのだ。

人間の孤独を解消させる私のチャレンジは、今も続いている。

ロボットコミュニケーター　吉藤健太朗

「孤独」は消せる。　目次

第1章　ロボットコミュニケーターという仕事

人と人をつなぐことで「孤独」を解消させる

第2章　正解はない。別のやり方があってもいい

第3章　心の底からわくわくすることをやる
ひたすらつくるだけの3年間

第4章　人と向き合うこと、自分と向き合うこと

第5章　誰でも使える「もうひとつの身体」

自分がほしかったものをつくれ！

第6章　必要な人に広がる分身ロボット

使う人たちと一緒に未来をつくる

装丁　渡辺弘之
本文DTP　ジェイアート
カバー写真　武本花奈
口絵写真　オリィ研究所
武本花奈

第1章

ロボットコミュニケーターという仕事

人と人をつなぐことで「孤独」を解消させる

ないなら、つくればいい。

「ないなら、つくる」

私はロボットコミュニケーター吉藤健太朗。ロボットをつくっていて、株式会社オリィ研究所の所長を務めている。周りの人からは「**オリィ**」と呼ばれているので、その名前で覚えていただければ幸いだ。

この10年間は、基本的にほぼ毎日、「**黒い白衣**」を着ているので、私のファッションから覚えていただいてもかまわない。

「**ロボットコミュニケーター**」とは、私がつくった職業だ。

人と人とのコミュニケーションを支援することを目的に、ツールとしてのロボットの構想、デザイン、設計、開発、提供までを行うのが仕事だ。

世の中に、そんな肩書きの職業を名乗っている人はいないし、子どもが将来の夢に、この職業をあげることはないだろう。しかし、そういう仕事があると知れば、将来の選択肢になりうる子どもが現れるかもしれない。

手紙が電話になり、メールになり、チャットやSNSに変化するなど、人と人とのつながりも、これまでとは違って多種多様な手段が存在するようになった。もちろん、そのような変化に伴って、新しい役割を担う人も必要になってくるだろう。

もし、そのとき必要な職業がなければ、自分でつくってしまえばいい。ないなら、つくる。

私の座右の銘であり、根底にある考え方だ。

ものづくりの原点

多くの人がそうであるように、私も幼い頃から、自由研究や工作、絵を描くことが大好きな子どもだった。

物心がついたときには折り紙やハサミを使って工作をしていたし、牛乳パックでつくった梯子《はしご》で旺盛な好奇心のまま、幼稚園の屋根に登ろうとしたりするようなやんちゃな子どもで、わりといつも1人で遊んでいた。

その一方で、既にあるものや結果が見えていることに対しては、まったく興味がなくなってしまうタイプでもある。大人になった今でも、レシピを見ながら料理をつくるのは大の苦手だし、工程表通りにプラモデルやキットの玩具を組み立てたりするのも苦痛、学校のテストも大嫌いだ。

小学校にあがって最も辛かったのは教室の授業だった。

興味のないことへの記憶力がまるでなく、おかげで小学校でも勉強はまったくできなかった。覚えることの多い科目の成績はクラスで最下位。じっとしていることもできず、先生の目を盗んでは教室の窓から逃げ出す始末。さらには、いたずら好きの悪ガキで、よく先生にいたずらを仕掛けては問題児扱いされていた。

そんな状態でも、クラスではわりと友人も多く人気者でいられたのは、昔から好きな工作のおかげだ。

学校とは、ゲーム機など余計なものを持ってきてはいけない場所である。当時流行《はや》った〝バトル鉛筆〟なるものも、見つかり次第に没収されたので、教室で遊びたい子どもたちはエンタテイメントに飢えていた。だから私が紙コップや段ボール、輪ゴム、紐《ひも》などを使ってオリジナルゲームをつくると、クラスメイトたちは大喜びで遊んでくれたのだ。

世の中には、大人たちがつくったＴＶゲームやエンタテイメントのおもちゃが溢《あふ》れていて、学校が終わればゲームボーイでポケモンをしている友人を振り向かせることは私にはできない。しかし、制約の多い学校の中は違った。

段ボールとハサミとガムテープ、これだけあれば遊びには困らない。他クラスや学年が違う生徒、先生すらも私のつくったおもちゃで遊んだ。「次は何をつくるんだ？」と言われることが好きだった。

「ないなら、つくる」という発想の起点はここにあった。

しかし、そんな楽しい学校生活は突然、終わりを迎える。小学5年生のとき、体調不良による入院をきっかけに学校を休みがちになってから、中学2年生までの約

3年半。学校に通わない、いわゆる不登校、ひきこもり状態となっていった。もともと病弱で、人より学校は休みがちだったのだが、体調が長らく戻らずに入院。しばらく学校を休んだことで退院後は精神的にまいってしまい、本格的に行けなくなったのである。

また、思春期を迎えた同級生たちの心の成長にもついていけなかった。学校へ行っても話が合わず、仲間はずれにされることが多くなった。病は気からと言われているように精神面と比例して、体調もどんどん悪くなっていった。

それでも学校にいるときは悪ガキぶりを発揮していたずらをしたり、勝手なことを繰り返していたので、急に身体《からだ》がだるくて動けなくなると、ずる休みだと言われるようになる。やがて立場がなくなり、クラスで孤立した。不登校時代の3年半、自宅での生活はあまりにも何もなさすぎて記憶がぽっかりと空白だが、しかし本当に長く、辛い毎日だったことは覚えている。

学校はもともと好きな場所ではなかったが、そこに行くのができないということで徐々に深い劣等感と無力感に苛《さいな》まれていき、人が怖くなってひきこもった。まさか自分が、人目を避けなくてはならない日々を過ごすことになるとは想像もしていなかった。

あの3年半は本当に辛く、二度とごめんであるが、そのときの孤独体験があったからこそ、今ロボットコミュニケーターの仕事をしているといっても過言ではない。あの頃、ほしかったけどなかったものをつくるために、私はロボット開発者になった。

分身ロボット「ＯｒｉＨｉｍｅ」

私が自分の研究室でつくり、現在は代表を務めるオリィ研究所で開発や提案しているのは「ＯｒｉＨｉｍｅ」という分身ロボットだ。これこそ、あのときの私がほしかったものである。

このＯｒｉＨｉｍｅとは、見ての通り、人工知能が搭載されていて、言葉を理解し、話し相手にもなって孤独を癒してくれる頭の良いロボット……ではない。実は、人が遠隔で操作しながら動かす、たとえるなら、すごく遠くから動かせるラジコンのようなものなのだ。

このＯｒｉＨｉｍｅには6個のモータのほか、カメラとマイクとスピーカーが内蔵されていて、遠くのスマートフォンやＰＣからも、インターネットを介して操作できる仕組みとなっている。

入院している人は、たとえばスマートフォンを使って、遠く離れた学校に置いてあるＯｒｉＨｉｍｅが見ている視界をリアルタイムに見ることができる。首を自由に動かしながら黒板や友達を見渡すこともできる。またスピーカーから先生の話を聴いて、ＯｒｉＨｉｍｅの手をあげながら発言することもできる。休み時間になれば友達に持ち運んでもらって一緒に遊ぶ体験をしたり、遠足に連れて行ってもらったりすることも可能だ。

そう、ＯｒｉＨｉｍｅとは、行きたい場所があるのにどうしてもそこに行くことができない人にとっての、もうひとつの自分の身体……つまり〝**分身**〟**となるロ**

ボットなのである。

「離れている人のコミュニケーションには電話やテレビ電話があるじゃないか」

「スマホで顔を映しながら話すことだってできる。それならその人の顔も見えるし、よりいいじゃないか」

よく聞かれる質問である。一般的な考えならば、そう思われても仕方がないし、私自身も孤独だった経験がなければ、同じことを言っていたかもしれない。

私が療養中、あまりに退屈なうえ、身体も痛くて仕方なく気晴らしに友人に電話をしたことがある。そのとき友人は、他のクラスメイトらと一緒に花火大会に参加していて、電話越しからはにぎやかな、楽しそうな笑い声が聞こえてきた。一瞬、私も嬉《うれ》しくなったが直後、友人に言われた言葉を今でも忘れない。

「体調大丈夫か？　すまん、いま友達らと花火大会に来てるから、電話は切るわ！じゃあな！」

そのとき私が強く思ったのは、友人への失望でもなく嫉妬でもなく、自分が友人の立場になったら電話に出てあげられるような人になろうという決意でもない。

「電話やテレビ電話は、伝えたい用事のあるときには適したツールだが、そこに自分が参加することを許されるツールではない。そして、自分がそこにいなくても参加しているように周りに扱ってもらえるツールはこの世に存在していない」ということだった。

入院や自宅療養中は身体も痛いしダルいものだ。寝すぎてこれ以上は寝られず、テレビやゲームや読書をする気にもなれず、誰でもいいから近くにいて話し相手になってほしいと思うときもある。入院とまでいかなくても、普通の風邪やインフルエンザなどにかかって、1人で長く寝続けた経験がある人にも、その気持ちは少しわかってもらえるのではないだろうか。

友人に用もなく電話をすると、いくら仲の良い友人でも何度もかけると、面倒くさく思われているだろうと感じたし、相手の時間を邪魔している気がして申し訳ないうえに、嫌われるのではないかという不安もあった。

ところが、実際のところ相手は家でテレビを見ていたり、遊んでいたりしているわけだ。もし、自分が車椅子を使ってでもそこに行ければ、同じようにテレビを見たり、人が近くにいたりしてくれるだけで不安が解消されたかもしれないし、少なくとも忘れられていないと安心感が得られたかもしれない。

しかし、現実には、どんなに良い車椅子があっても、外出が困難な人は多いもの。「離れていても、そばにいる感覚をお互いが持つことはできないだろうか？」

そんな想いを可能にする方法として思いついたのが、自由に動かせるもうひとつの自分、つまり〝**分身をつくる**〟という方法だったのである。

1人でやれることは1人で進める

私がリーダーを務める分身ロボット研究チーム・株式会社オリィ研究所は、「**テクノロジーを用いて、人の孤独を解消する**」ことを企業理念とし、人と人をつなぐテクノロジーの開発を行っている。

やっていることは意外とシンプル。私がプロトタイプをつくり、ユーザーテストをしたりして考えたアイデアを、役員と呼ばれる私を含めた3人の中核メンバーで協議と検討をする。そして、そこで決まった方針を仕事に分解してから、他のメンバーへと配分していく仕組みになっている。

新しいアイデアや組織の方針を考えるのは私の仕事だ。昼間は代表として組織を運営、必要に応じて経営戦略を考えプレゼンをし、夜は新しいものを考えては、すぐにプロトタイプをつくって実験する毎日……。自宅には3日に1回しか帰らないような日々だ。

しかし、こんな毎日が、どうも非常に楽しくて楽しくて、自分には合っている。決まった時間に決まったことをするのが苦手であるし、会社に泊まるのも好きなタイプなので、労働基準法的な意味でも、普通に会社員をやっていたら務まらなかっただろう。

ロボットの開発においては、コンセプトからプロトタイプ制作までを基本的には1人で行う。

非常に優秀なスタッフがいるとはいえ、彼らも既にある運用中のシステムやサービスの改良などで常に多忙であるし、そもそも他の人に何かをつくってもらうなら、そのために仕様書や設計図に落とし込まなくてはならない。さらに出来たものにも調整、微調整を繰り返さないといけない。いくら時間があっても足りなくなる。

そういうときに2人以上で仕事をしていると、イメージの違いから、わずかな点で違うものが出来てしまったり、妥協してしまったり、コンセプトがぶれてしまったりすることが多い。

概して、**1＋1が1以上になることはそうはない**、というのが私の考えだ。

話し合って全員がそれはいけそうだとうなずけるアイデアは、絶対どこかの誰かが既に思いついているし、検討され尽くしているものだ。そして、今までにあった何かの改良ではなく、まったく新しいアイデアというのは、いくら説明しても自分以外に理解されないものなのだ。

私とて、目の前で見て、触って、初めてその人が言っているアイデアの価値がわかるということはよくある。言葉や図を使ってアイデアのすべてが伝えられると思わないほうがいい。結果的に、アイデアからプロトタイプ作成までは、すべてを1

人でやるほうがイメージ通りのものが出来ることが多いのである。

とはいえ、つくるべきもののすべてが、はじめから私の中に形としてあるわけではない。それは**身体を動かす経験から得られるもの**なのである。

足を使って移動することでわかること

私の最優先のライフワークの1つに、**ＯｒｉＨｉｍｅが使われている現場に足を運ぶ**というのがある。どのように使われているのか、どのような点が評価され、どこを改良しなくてはならないのか、実際の現場で、目で見て、人から話を聞いて初めてわかることは本当にたくさんある。

だからこそ、時間がかかっても、自分の足を使ってユーザーのもとを訪ね歩き、プロトタイプ、あるいは改良したそれを使ってもらい、できる限り生の声を確認するようにしている。そのような動きを日頃からやっているからか、特殊な縁の恩恵にあずかることもある。

OriHimeユーザーの中に「ALS（筋萎縮性側索硬化症）」という病気の患者さんたちがいる。運動ニューロンに異常をきたし、現代医学では根治する治療法も未確立で、急速に進行する病。徐々に筋肉が動かなくなることで寝たきりになってしまう難病だ。日本に1万人弱いると言われている。「アイスバケツチャレンジ」というチャリティー活動が話題になったことから知った人も多いと思う。

意識はそのままで、思考したり暑さや痛みを感じたりすることはできる。しかし、ほぼ身体を動かすことはできず、病気が進行すると呼吸も困難となる。人工呼吸器を装着すれば生きることはできるが、ただでさえ身体がほとんど動かせないうえ、発話能力を失ってしまうことになる。一度装着すると今の法律では外すことができないことから、日本の装着率は3割と言われている。7割の方は延命を選択しない。ちなみに世界の装着率は1割という。

私は全国のALS患者さんらと会っているが、呼吸器をつけない選択をして、亡くなった知人も数人いる。呼吸器の発明により、これまで死を待つだけだった病気においては、自らの意志で生を選べるようになったのは、とても素晴らしいことだろう。しかし生きる選択をすることがマイナーとなる難病も、まだまだ存在するのが現実である。最近の海外では、将来の医療技術の発展に望みをかけ、呼吸器をつけず、死後にコールドスリープを選ぶ人も出てきたほどだ。

顔や指も動かせず、声も失った人がどのようにコミュニケーションをとるのかというと、ＡＬＳ患者の場合は、個人差によって症状も進行の具合も違うものの、眼球や口など顔の一部分の筋肉の動きがある程度残ることが多いので、彼らは〝**透明文字盤**〟や〝**口文字**〟という独自の会話手段を生み出し、家族や介助者とコミュニケーションをとっている。

介助者が透明の文字盤を持ち、患者の視線がどの文字を見ているかを判断しながら意思を読み取るのが「透明文字盤」。患者の口のわずかな形から母音を判断し、次にその音《おん》の五十音の段を順番に読み上げていき、意図する文字のところで顔のどこかの動く部位で合図、それを組み合わせて文章をつくっていくのが「口文字」だ。これは人によって具合が違うので、その人ごとに熟練しないと難しい。

私は2013年にALS患者の友人ができたことがきっかけとなって、〝眼球〟の動きでOriHimeを動かす研究を始めた。その友人はまだ声を発することができたものの、もう身体は動かせず、うなずくこともできない。

友人は、普段は天井しか見られないが、モニターを介してOriHimeの視界を見ながら、目の動きで操ってくれた。YesやNoの意思表示はできるので、ロボットがうなずいたり手をあげたりすることで、身体表現を取り戻すこともできる。

そうなれば、身体は自宅の部屋にいながら、家族や友人と外に遊びに行くこともできると考えた。さらに2015年からは、文字を入力して読み上げ、OriHimeを通して発話もできるのではないかと思い、日本ALS協会や患者さんらと共同で研究開発を行ってきた。

開発のうえで最も意識しているのは、私が現場に通い詰めるということだ。

最低でも1週に一度は患者さんの家に足を運び、そのときわかった問題点についてどうすれば解決できるかを考えた。考えてはつくり、また患者さん宅に持って

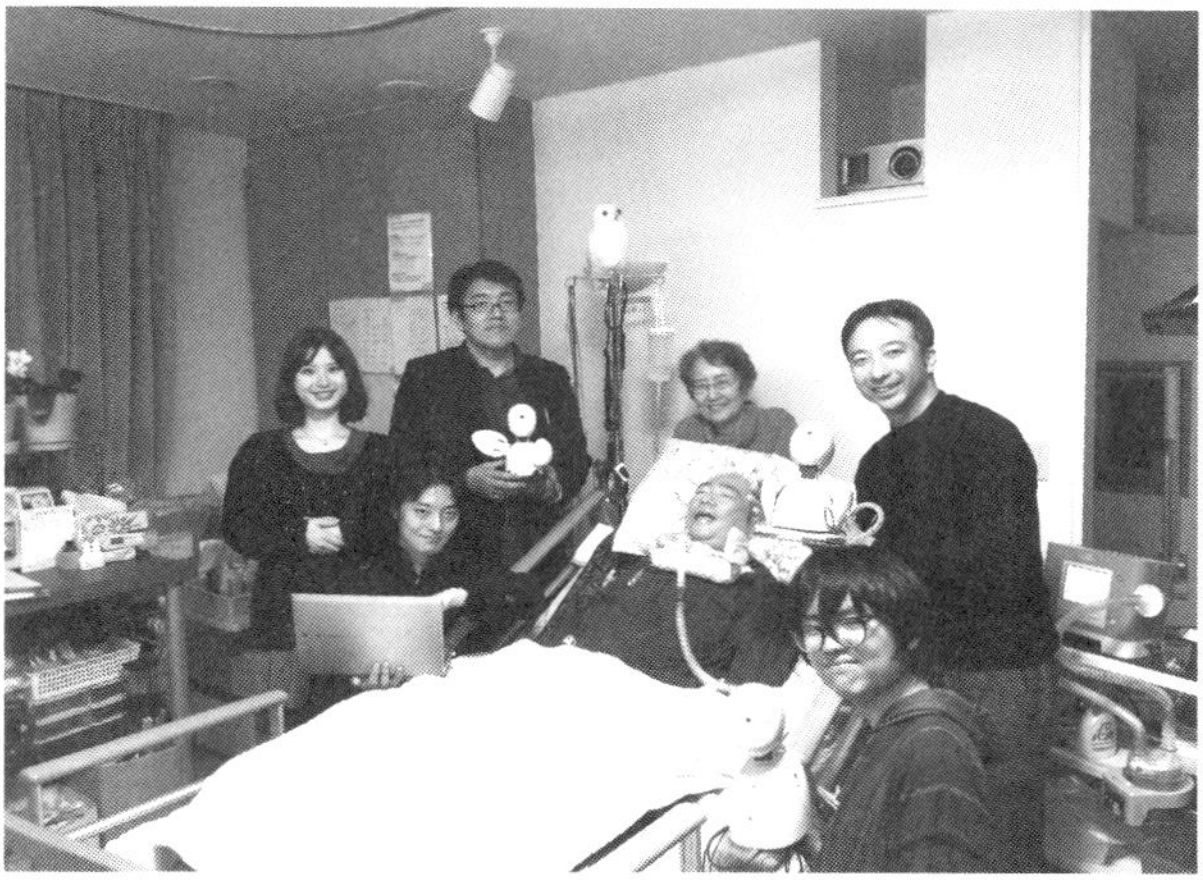

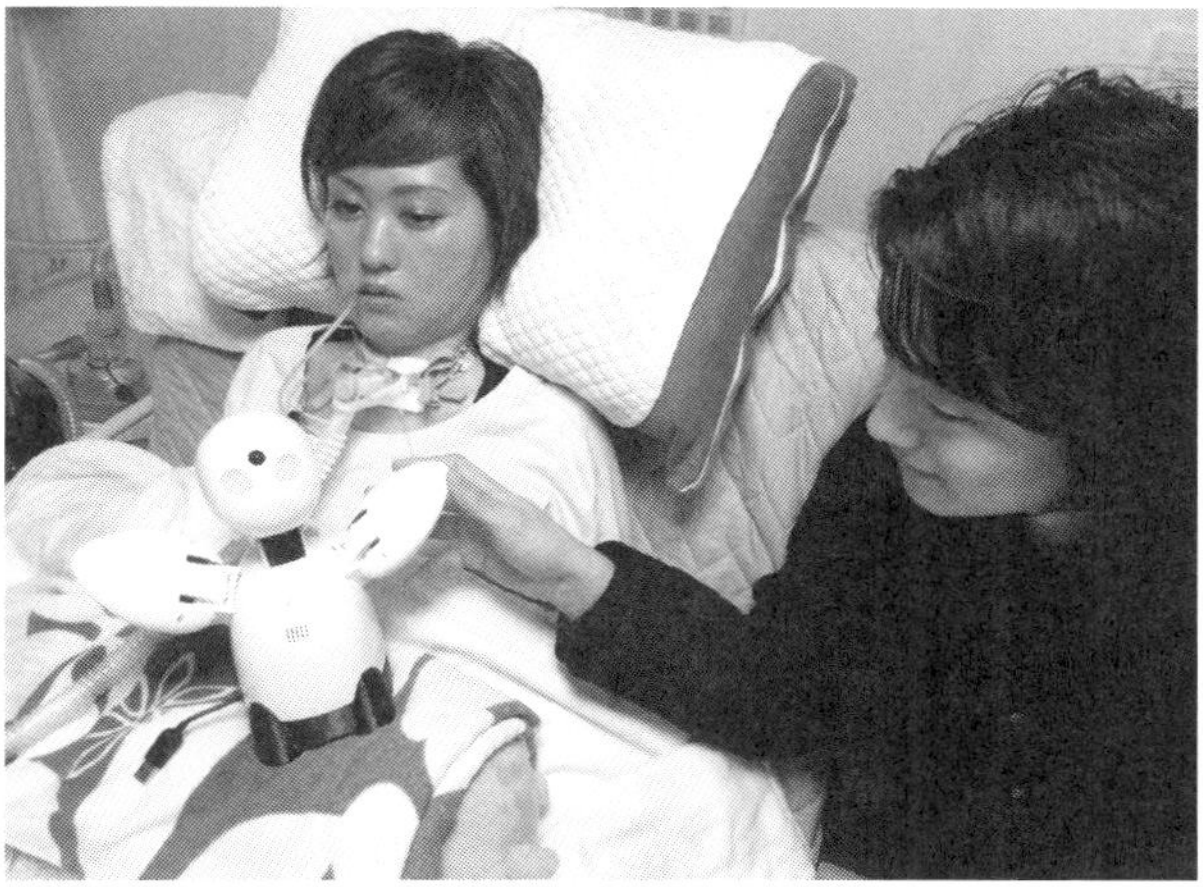

自分から患者を訪ね、現場で確認することが次の開発へとつながる。

いってテストをする連続。

よく、ものづくりは客の声を聞けというが、その〝客〟が本当にほしいものはこれだという明確な答えを持っていることなどあまりない。しかし、それが本当にほしいものかどうかを判断することはできる。だからこそ試作品を使ってもらい、その日のうちに研究所へ戻って徹夜でプロトタイプをつくったりしながら体験を重ねていくことで、声＝その本質の輪郭が初めてはっきりしてくるのである。

日常の中の、さまざまなタイミングでひらめき、思いつきは生まれるが、**アイデアは思いついたら鮮度が命である。**

メモに残せない脳内イメージもあるし、何より開発のモチベーションも、そのときが最も高い。夜中にアイデアを思いついて飛び起きたなら、その瞬間は最も貴重で代えがたい一瞬だ。自宅にいてもすぐに作業場に移動し、30分以内には開発に取り掛かる。

この高速なトライ＆エラーも1人で動くからこそできる。

現場という意味では、オリィ研究所そのものが現場でもある。

私の研究所には**番田雄太**というメンバーがいる。彼はチームに加わって2年だが、今まで一度も実際に、研究所に足を運んだことはない。彼は頸髄《けいずい》損傷患者で20年以上ベッドの上で寝たきりなのだ。

彼の家は岩手県盛岡にある。4歳で交通事故に遭い、首から下が動かせずに呼吸器もつけている彼は、これまでの人生のほぼ大半を病院と自宅で過ごした。

学校に通ったこともない。彼は顎を使ってPCを操作し、文章を入力する。その入力速度は大したもので、かなりのおしゃべりだ。自分のベッドの横にあるPCを使いこなし、研究所内のＯｒｉＨｉｍｅを操作。そうやって毎朝、会社に〝出社〟し、私の秘書としてスケジュール管理やリマインドメールや名刺整理、ウェブサイトの更新などを担当してくれている。

ＯｒｉＨｉｍｅの新型のテスト機が出来たとき、真っ先に使うユーザーはいつも彼だ。

彼とは定期的にしっかり話す時間を設けていて、そのとき音が悪いとか、ＯｒｉＨｉｍｅの視野が狭いとか、置く場所はもっと高いほうがいいとか、リクエストをしてもらっている。

はじめは首しかなかったＯｒｉＨｉｍｅに腕がついたのも彼の功績だ。社員としての活動だけではなく、１人のユーザーとして開発にも関わっている重要なスタッフなのである。

業務時間中は基本的にＯｒｉＨｉｍｅが起動していて、仕事の合間に雑談したり、チャットで聞くまでもないちょっとした質問を交わしたり、**本当に出勤しているメンバーと同じ密度のコミュニケーションができている。**

彼だけではなく、私や他のメンバーもそれぞれ専用のＯｒｉＨｉｍｅが置いてあって、出張などで全国を移動中はＯｒｉＨｉｍｅで出社。ＰＣで仕事をしているときは起動しっぱなしにすることで社のメンバーと雑談もでき、開発での悩みごとが聞こえてきたときに「あー、それは……」と会話に参加することができるようになっている。

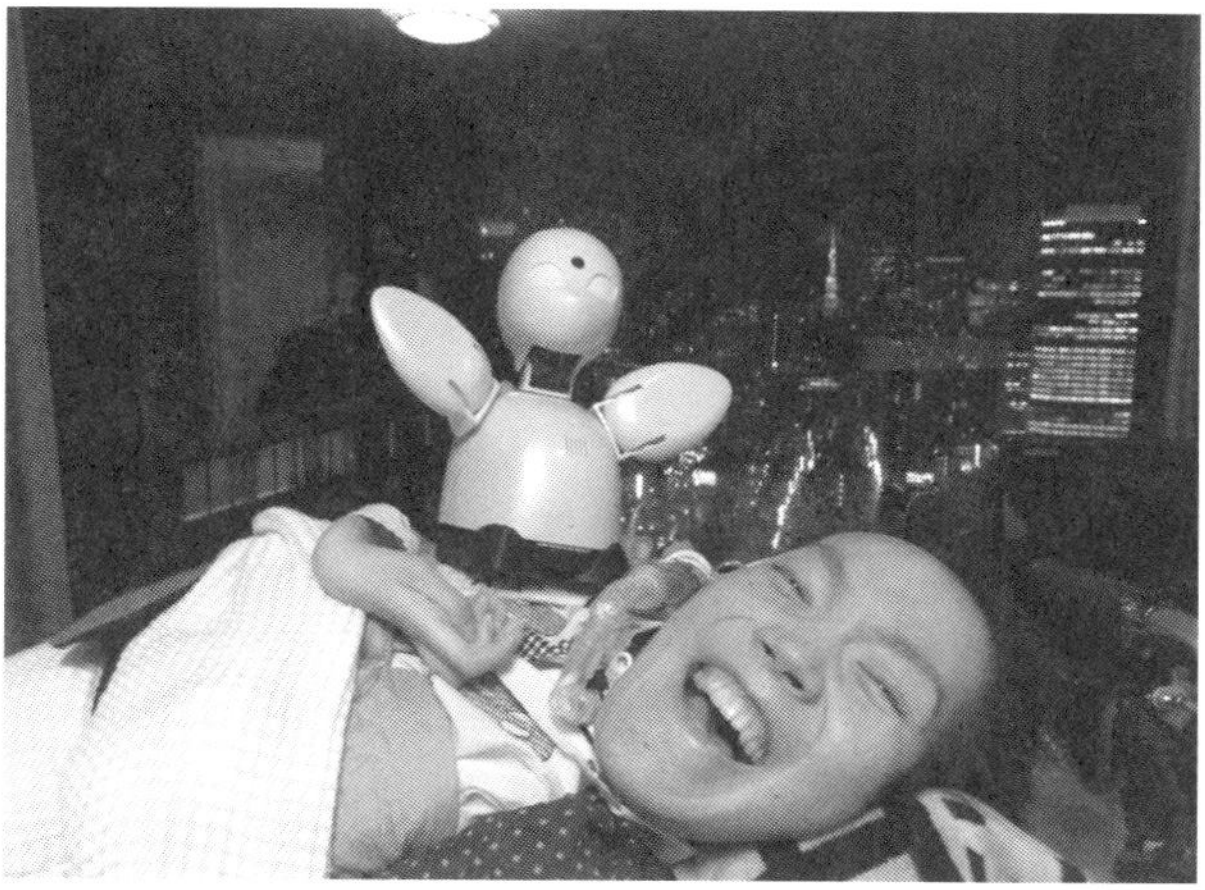

岩手県盛岡の自宅から業務をサポートする番田雄太さん。

何も知らない人が見れば、きっと人に混ざってロボットが雑談しながら働いている、近未来的なオフィスのように見えるだろう。

私のガレージ作業場へようこそ

せっかくなのでもう少し、ものづくりの話を続けたい。

ロボットなどの開発には作業場が必要だ。私の主な作業場は、オリィ研究所と、そこから4キロメートルほど離れた一軒家のガレージである。

大学に通っていた頃、広い作業場がほしかったが、そんな理想の家に住めるほどの資金力はなかった。そこで友人に声をかけて、シェアハウスを考えた。

個性的で普通の人は多少住みにくく、借り手がいなかったというデザイナーズハウスの物件を見つけ、シェアハウスとして貸してもらえることになった。多少のツッコミどころはあるものの、ログハウス風で私好みだ。最大50人でパーティーをすることもできる広い間取りもお気に入りだ。学生が数人で住むにはかなり広い家である。それでいて1人5万円以下の家賃で暮らすことができた。その家のガレージが、今でも私のロボット開発スペースになっている。

ロボットをつくっているというと、ハイテクな機械で金属を削ったり、大きな実験場がある工場で、大型の工作機械がガシャンガシャンと動いているイメージが湧くかもしれないが、私のロボットのつくり方は、わりとシンプルでアナログだ。

少し専門的な話になるが書いておきたい。私の場合、まずは用途から考える。何をつくるかではなく、どんな風に使われたいのかを考え、イラストはホワイトボードかスケッチブックに使われている様子やプロダクトのラフイラストを描く。頭の中にある形状をスケッチし、つくり方を考える。次に、中に入れるモータやカメラ、バッテリー、回路基盤などを調達してきて、回路を組んだり配線をしたりして、プログラムのコードを書きながら動作を確認する。

内蔵する基盤や配線、モータの動きが決まったら、次は外装作成だ。外装づくりにはいろいろな方法があるが、私の場合はバルサ材や発泡スチロールを削ってつくりたい外装の形状を整えていく。

バルサ材は柔らかくて加工しやすい木材で、ヤスリでガリガリやると簡単に好きな形状をつくることができる。その上に電熱コンロで炙《あぶ》って表面を溶かしたプラ板を押し当てれば、プラ板が加工したバルサ材の表面の形に変形し、固まる。ヒートプレスと呼ばれる方法で、やけどに気をつければ、誰でも簡単に練習できる。

さらに下から吸引することでバルサの形状そっくりにつくる方法をバキュームフォーム法といい、こちらのほうがより精度の高いパーツをつくることができる。ただし、装置が大げさになるので、私の場合は、電熱コンロと掃除機を内蔵したバキュームフォーム専用の机をＤＩＹで自作して行っている。この方法でできたパーツは薄いので、エポキシパテなどで厚みを加える必要がある。

また、発泡スチロールで形をつくった場合はＦＲＰ（繊維強化樹脂）を使う。ガラス繊維（カーボンを使うこともある）のマットに樹脂を流し込み、固める方法で、とても軽く頑丈なパーツをつくることができる。高校時代に師匠らと共につくった車椅子の外装も、この方法でつくられている。

量産をするときは、シリコン型に、樹脂を流し込んでつくる。金型のインジェクション成形に似ているが、金型は100万~1000万円レベルのお金がかかるうえ、簡単につくり直しができないので潤沢《じゅんたく》な資金がないかぎり現実的ではない。

しかしシリコンなら1万円~10万円の範囲で型をつくることができる。シリコン型に樹脂を流し込んだあとに減圧して、一気に大気を戻すことで樹脂が型の隅々まで入っていく。これは真空注型法といい、数万円ほどの設備を揃《そろ》えればシリコン型つくりから自宅でも可能だ。この方法でロボットを量産してユーザーに使ってもらいながらテストを繰り返した。

もちろん、3Dプリンタも使う。CAD（コンピュータ上での設計図）は10年以上やっており、製品として金型をつくるためのデータはCADでつくるし、3DCADでつくったデータから3Dプリンタで試作品をつくることも日課だが、曲線や手触り感、手の中にしっくり収まる感をPCのデータを眺めながらつくるのは難しい。実際、木を削ったりしてつくるほうがいい場合もある。

ロボット制作を本格的に始めた2009年は大学3年生になったばかりの春だった。大学内に入りたい研究室がなかったので、ならばと自分でつくることにした。

しかしそうなると当然、指導してくれる教官もいなければ設備も資金もない。独力で成果をあげなければいけないので時間もない。生活費を削り、バイト代を全額投入して数々の失敗を繰り返しながらのロボット制作は、いかに金をかけず、素早くプロトタイプをつくり、テストを重ねるかがテーマだった。ごはんは1日1食、夜は開発に没頭し、昼に利用者に使ってもらってテストをする。

その研究室を株式会社化し、チームができた今も、私個人の基本的なスタイルは変わっていない。

経験こそが無敵の「財産」

私は、見聞の知識よりも、自分の経験に重点をおいて投資をするタイプだ。

一軒家のガレージを改良した作業場にてロボットを制作する著者。

新しいアイデアというのは、**何もない白紙の状態から生まれるものではない**。それまでなんとなく興味があるからやっていた経験があるからこそ、生まれた発想ばかりである。

たとえば、真冬の野外で車椅子に乗ったことがない人は、座ったまま移動するのが思ったよりも寒いことや、そもそも歩くということが実はかなり体温を上昇させることには気づかないだろう。

みんなが集まる会議室の、ホワイトボードの前でうろうろしながら考えて思いついた、一見良いと思われるアイデアは、既にどこかの誰かが思いつき、検討し終わっている。

私は、そのような思考を重ねない。そうではなく、人と違う体験があるからこそ、新しいものをつくり出すアイデアが生まれると考えている。私の場合は、ちょっと独特だ。ものづくりの知識のうえに、**学生時代に覚えたパントマイム**の動作に加え、**キャンプ場で4年間働いた経験**がよく活かされているのだ。

たとえば、人の手に近い形状のロボットハンドをデザインしてみるとしよう。明らかに人の手ではないけれど、「なんとなく人っぽい」と感じる形状の要素はどこにあるのか。正体はわからないが、親指の第一関節と第二関節の回転軸を30度ずらすことで、自然さが増しそうだと試して、それを繰り返す。

そのような実験を繰り返していると、感覚で〝**わかってくる**〟ことがあるのだ。それは、絵を描くという行為よりも、私の場合は演劇のジャンルで役者が演技のコツをつかむ感覚に近い。先にあげたパントマイムには、壁がないのにあるように見せる動作があるが、本当に壁があるときに人はあんな動きはしない。実際と、見せかける動作は違うのである。

1つ1つは極めた人がいても、この3つの体験をした人はそういない。ロボット制御が得意な人はいるが、どうデザインし、どう動かせば**生き物らしく**〝**見せられる**〟か。人前で大道芸をしていた経験が生きてくる。

ただ、はじめからすべてをわかって体験してきたわけではない。あとで、あの経験がいま活かされたと思うことが多い。だから、今でも3か月に1度くらいは新しいことに挑戦してみるように心掛け、わりと興味本位でやるようにしている。これが意外と役に立つ。

私は家が好きで家具や階段なども好きだ。

特に階段が好きで、階段の多い場所はとてもテンションがあがる。昔から自分で設計して理想の階段をつくってみたいと思っていた。しかし、つくり方もわからなければ、どこから手をつければいいかもわからない。

まずは、ＤＩＹ工具を揃えて簡単そうなベンチでもつくってみようかと考え、適当に安い工具を買ってきては実際につくってみた。そして歪《いびつ》ながらも、見よう見まねでなんとなくつくることができた。

その体験をもとに、今度はオリジナルの机をつくってみる。さっき紹介した電熱コンロと掃除機が内蔵されているオリジナルのバキュームフォーム付き作業机だ。

また、オリジナルの本棚もつくった。そうするうちにＤＩＹの設計のコツや感覚が身につき、応用して３ＤＣＡＤで設計図をつくるようになる。工具の性能も評価できるようになってくる。より高性能な工具が必要なことがわかり、徐々にイメージ通りのものがつくれるようになる。

本棚にもなるDIY階段。
そのままロフトと２階にもつながっている。

まったく何もわからなかったところから始め、3か月後には念願の家の梁《はり》に登れる階段（本棚にもなる）と、さらに梁の上に読書ができるロフトをつくることができた。借り家を傷つけないように、家にはまったく釘一本打ちつけず、大人2人が飛び跳ねてもびくともしない会心の出来だ。こうやってDIYの家具が増えていく。

新しいことに挑戦するにはエネルギーを要するが、一度経験してしまえば次からはなんてことはない。最近も、ちょっとした家具をつくったが、特に新しいことではないのであっさりつくることができた。

DIYをやる前は、何から手をつければいいかわからなかったし、魔法のように感じることでも、一度体験してしまえば、だんだんと「これなら家づくりも無理じゃないな」と思えてくる。もちろん、単純なDIYと違って家には家ならではの、いろいろな技術が必要になることはわかっている。しかし、どんな道具が必要で、材料は何を用意したらいいのか、技術的なものはどう高めていって、どこの部分は私だけでは出来ないから専門家が必要で、どれくらい失敗して期間はこれくらいあったら出来るかなど、見積りイメージがどんどんふくらんでいくのだ。職人やプロのすごさも、経験したからこそわかるようになった。

本を読んだり、人の話を聞いたりしているだけではわからないことが、まずは自分でやってみることで見えてくる。これが本当の「財産」だと私は思っている。

当たり前だが、新しいことをやると大抵の場合、失敗する。失敗というとネガティブに聞こえるかもしれないが、それは言い換えれば**「こうやったらうまくいかない」という無数の経験**なのだ。

私は、興味があることはとりあえずやってみて「うまくいかない体験」をするようにしている。「うまくいくかな？」と思っていることでも、だいたい想像と違って、最初は失敗する。そんなものだと割り切って突き進んでみると、「ここまでつまづくのか！」と失敗することすら面白くなってくる。

最も重要なポイントは、大怪我《けが》をしたり、信用を失ったり、復帰に時間がかかるミスだけは避けることだ。回復不能なミスでなければ、失敗は別に大したことじゃない。

私のこれまでの体験で最も大きな例は18歳~19歳のときだ。

とにかく人とのコミュニケーションが苦手だったので、これまで数々の黒歴史とでもいうような失敗を繰り返してきた。昔からなんとか克服しようと高専のときも、大学のときも、部活を立ち上げて人を集めたりしたが、人と一緒に何かをしようとすると、だいたいうまくいかずに人が離れていった。

私は、ものすごくこだわりの強いタイプなので、他の人にも、そのこだわりを求めてしまっていたのだ。だから、人のやる仕事を見て「なんて適当なことをする奴《やつ》だ。信じられん」と腹立たしく感じてしまう。そんな性格だったので、チームワークを要する仕事では、さんざんな失敗をしてきた。

しかし、その失敗から様々な教訓を学び、改善することもできた。

今は、自分流の人との関わり方ができるようになったので、当時に比べてかなり気楽な、快適な人付き合いができていると思う。

3年半もの不登校経験も、大きなハンデやトラウマと捉えることもできるが、人と違う経験だと思い、その経験を強みにできれば辛い経験も価値に変わる。

人と違うことをすると馬鹿にされる。挑戦すると笑われる。でも、世界を前へ進めてきたのは、いつでもそのような馬鹿者たちなのだ。

私の白衣はなぜ黒いのか

この章の冒頭でも書いたように、私とまず会ったことのある人の目に入るのは、トレードマークにもなっている**「黒い白衣」**だろう。

365日、夏でも冬でもこれを着ている。私自らがデザインをして、10年前から愛用している服だ。

18歳のとき、生まれ故郷の奈良県から香川県の高専に進学（高校からの4年次編入）した私は、大きな問題を抱えることになった。自分に似合う服がこの世の中にないと気づいたのだ。

それまで、私は自分で服を買ったことがなく、家ではジャージ、高校は指定の制服を着ていればよかった。ただ、高専は私服の学校だったことから、両親と離れて寮生活を始めた私は、毎日、学校に通うために自分で服を選んで着る必要があった。服屋で店員におすすめの服を教えてほしいと言ったところ、選んでくれた服が私の身体と本気で合わず、とてもダサくて驚いた。流行っているとのことだが、テレビや雑誌を見ない私には、まったく理解できないデザインばかり。

悩んだあげく、たどり着いたのが白衣だった。

白衣は世界で最も格好良い、クールな服装だと思う。少なくとも私はそう思っている。ところが、これだけ面積がある（白衣を広げてみればわかる）のだから、もっといろいろなデザインがあってもいいし、便利な機能が日常的に使える白衣があってもいいと思うのだが、残念なことにない。

世の中に存在しないのなら自分でデザインするしかないと、勝手に白衣デザイナーを名乗って白衣づくりを始めた。

しかし、今度は、なぜ白衣は白色ばかりなのだろうと悩み始めた。

「白衣は白くなくてはならない」みたいな固定観念に囚われているみたいで、なぜか無性に悔しくなり、オーダーメイドしたのが「黒い白衣」だ。その後の10年間で、何度も改良を重ねてきた。

改良するたび、白衣では珍しい機能が随所にほどこされるようになっていった。

胸部の内ポケットに名刺が入れられるのは当たり前で、白衣の右裏側は、鞄《かばん》を持ち歩きたくない私のために、ノートPCやB4サイズのスケッチブックも入れられて、それでいて外からは何も持っていないように見える大きなポケットになっているのだ。

服の両サイドにはポケットとは別の穴があいていて、前ボタンをあけなくても内ポケットの中の財布や鍵などにアクセスが可能だ。

袖の部分には、電車の定期などの磁気カードが収納できるようになっているので、いちいち取り出さなくても腕を軽くかざすだけで改札が通れるし、自動販売機も使える。買った飲み物を収納できる専用ポケットもついていて、サイドの穴からすぐに取り出せるのはとても便利である。

冬には必需品だが、よく忘れたり失くしたりする手袋も、袖の内側に取り付けられているので、すぐ出せるようになっている。

背中の見えない部分はメッシュになっていて、夏の蒸れ対策も完璧だ。

右にはペンやドライバーなどのツールも収納でき、左には長い傘も1本まるまる収納できる。それでいて、格好良い白衣独特のシルエットに極力影響を与えないよう、ポケットは内側に大きく広がるようになっていて、たくさん詰めていても違和感がないバランスも心掛けている。和服の要素を取り入れた羽織のような白衣や、トレンチコート風の白衣もつくってきた。

最近は「ほしい、どこで買えるんですか？」という問い合わせをいただくようになったが、これを初めてつくった10年前は、編入先の高専でクラスメイトにドン引きされ、教室には友達がゼロになった。高校デビューならぬ転校生デビューの大失敗例だ。

両親からも「実家の半径10キロ圏内で着たら親子の縁を切る！」とまで言われた。なぜそこまで言われるのか理解できなかったが、人と違った格好をしているだけで

「黒い白衣（ver.5)」の中にはこれだけのものが収納されている。

不審者扱いされ、後ろ指までさされる……。そういう時代だったのだ。おかげで高専時代の1年間、友人と呼べるのは、学年も違うコロンビア人とモンゴル人とラオス人の留学生だけだった。

東京に移り住んでからも、しばらくは後ろ指をさされたり、警察の職務質問に止められたりすることも日常茶飯事だったが、そのうち私も慣れて、警察にも顔パスになった。

今ではテレビもこれで出演しているし、スーツが求められる式典や結婚式などでも向こうから着てきてほしいと言われるようになった。デザインが改良されたこともあってか、「製品化しよう」という話もいただくようになった。「俺は昔からいいと思っていた」と言う人もいる。時代は変化するものだ。自分が本当に良いと思っているなら、理解者がいなくても周囲に反対されても、徹底的にやりきること。そういう頑固さやメンタルも、何かをしようとする場合には必要だと私は思うのだ。誰もやっていない新しいことに挑戦するとき、人は大抵1人なのだ。

ちなみに、実のところ、真夏にこれを着るのはぶっちゃけ暑い。そんなときはいつも思う。「暑さを我慢するか、着たくもない服を着ることを我慢するか」の違いだと。そう考えると暑さなど大した問題ではない。むしろ、脱いだところで暑いものは暑いのだ。好きな服を着て精神状態を向上させているほうが暑さを感じなくなる。つまるところ、人はしたくないことをして快適になるより、ちょっとの我慢をしてでも好きなことをしているほうが精神健康上よろしいのではないかと思うのだが、どうだろうか。

さらに多少の我慢の結果、良かったこともある。私は18歳くらいまで暑がりで、かつ寒がりだった。冬など上半身だけ9枚着て高校に通っていたほどだ。しかし夏は暑くて冬は寒い「黒い白衣」を10年ほど着続けた結果、他の人よりも暑さや寒さに耐性がついてしまった。わりと寒い作業場でも普通に作業できるので便利だ。

このことは新たな発想が導ける。好きなことが面倒事や我慢を凌駕《りょうが》でき、人を鍛えられると考えれば、嫌いな運動も自然にできるようになるに違いない。私は、階段が好きで好きで仕方がない。なので階段が4か所もある家に住んでいるし、最近ＤＩＹでロフトをつくり、５か所目を自作した。平らな家よりも運動量が増えて足腰が鍛えられていよう。たぶん。

人生は出会いによってつくられる

人生は人との出会いによってつくられていく。

どこにも居場所のない「孤独」を思い知り、絶望しかけた私が、今はそれほど孤独を感じずに活動できているのは、ありがたいことに私を必要としてくれる人がいて、頼れる人たちがいて、そんな状態に導いてくれた人がいたからだ。そんな人たちと出会い続けてきたことが、今の私をつくっている。

人生のメンターとでもいうのだろうか。どんな薬よりも、人との出会いがもたらす影響は大きい。良くも悪くも。もし、あなたが現状を変えたいなら、自分を導いてくれる、良い影響を与えてくれる人との出会いを求めるのが最良な解決の近道だ。

そして良い出会いを得る可能性を高める方法は、数を当たってみること、チャレンジを諦めないことだ。1人だけに会ってその人がメンターになることは、ほぼあり得ない。自分から発信し、様々なところへ行ってみることで、出会う人の量や質は調整できる。

「素晴らしい人と出会えて、運が良かったですね」と言われることもあるが、そうだと自分でも思う。しかし、よく考えてみれば、そのとき限りの出会いの人のほうが圧倒的に多いのだ。むしろこれだけの人に会わないと良い出会いがなかったと考えると、実は運は悪いほうなのかもしれない。

しかし、そうなると、人と会うのが怖い人や、病気などで物理的に家や病院などから出られない人は、どうしても出会いがあまりつくれないことになってしまう。だからこそ、私はそんな人たちの助けになるツールをつくりたいと思っている。車椅子しかり、分身ロボットしかり、折り紙会や黒い白衣を使った自己紹介も、すべて人が人と出会うコミュニケーションツールとしてつくってきたものだ。私のものづくりのテーマである。

私は不登校から19歳までは、人と会うのを避けるタイプだった。昔から集団行動が嫌い、というかできず、協調性がないと言われてきて、実際、1人のほうが楽だった。普通に学校に行ける人はそうではないのだろう。友達をつくり、遊び、喧《けん》嘩《か》することで、知らず知らずのうちにコミュニケーション方法を学んでいる、いわばコミュニケーションネイティブだ。

18歳の時点でそういったことができず、出会いを避け、ゲームや漫画の世界にこもったり、真剣にAIで友達を開発してやろうと考えていたりした私は、とあるきっかけからコミュニケーションの猛勉強と修行を始めることになった。だから、私はコミュニケーションネイティブではない。後づけで勉強した非ネイティブだ。

ただ、英語ネイティブよりも、大人になってから英語を学んだ人のほうが英語文法に詳しいように、非ネイティブのほうが気づくことや知っていることが多いときもある。コミュニケーション非ネイティブである私だからこそ、伝えられることがあるのではないかと思っている。

孤独を解消し、人生を豊かに生きるために必要なのはお金でも地位でもない。尊敬できる良き人との、出会いと、時間である。

自分を動かす感情について

私にとって、「**わくわくすること**」はとても重要だ。

心を躍らせること、自分のつくりたいものが少しずつ出来上がっていく瞬間、少し未来の誰かが喜んだり驚いたりする反応を期待すること、それがあれば私は本気になれる。

ひきこもり、不登校を経験して良かったことをあえてあげるとすれば、完全に自分の世界に入り、夢中になれる集中力が身についたことだろう。

当時は折り紙が大好きで、寝食を忘れ、紙に持っていかれた指の水分を補充するための濡れタオルが完全に乾燥するまで15時間、折り続けていた。その原動力が**わ**

くわく感だった。「わくわく」という正直今ひとつネーミングとしてパッとしない感情は、私にとって爆発的な燃料であり、驚くべき集中力と結果を与えてくれる合法ドラッグだ。

わくわくする気持ちがあれば、徹夜でコーディングしたり、寝食を忘れて何十時間も単純作業（やすり作業）をしたりすることもできた。ツリーハウスをつくったり、1日かけて特大ケーキを焼いたり、苦手な対人関係を克服できたり、日本武道館の舞台の上で動かすための、二足歩行ロボットを、3か月でゼロから完成させたりすることも可能だ。

一方で、学校に行かなかった弊害かもしれないと思っている、私が克服できなかったことは、与えられた仕事ができない、宿題をこなせないことである。

我慢して、机にじっとしながら宿題をすることが本当にできない。病的にできないのだ。覚えていた記憶が飛んでしまう。興味がないというより、「わくわくしないこと」が、ほぼ、できないのである。大学の1年の頃の単位は、A⁺とFしかなかった。

親への背徳感、金銭、地位、将来への焦り、責任感などでは、私は動けない人間だ。我慢ができない私は、人と比べてできないことが多すぎる。

とはいえ、やりたいことがあるのだから、そのためにやりたくないことをしなくてはならないこともある。

人より圧倒的にできないことが多く、世間一般的な知識の乏しい私が、それでも実際、何かができると思える自信は、自分を夢中で動かすための方法をある程度知っており、ある程度コントロールができているから生まれるのだ。

人によって本気になる原動力は違う。

【頼まれ事、知識欲、出世欲、責任感、義理、世間体、世のため人のため、金銭、自己顕示、正義感、自己実現、承認、期待に応える、親しい人の笑顔、etc】

自分の原動力の正体が何であるか、知っていることは極めて重要だ。複数ある場合もある。私にとっての一番は「**わくわくできるかどうか**」だった。

やらなくてはならないことや、責任を感じたとき、切羽詰まったとき、自分をどうやったらわくわくさせることができるか考えることから始める。すぐできる場合もあるが、できない場合は散歩をしたり、歌ってみたり、折り紙を折ったり、ＣＡＤを書いたり、文章を書いたり喋《しゃべ》ったりしながら、どうにか自分のスイッチを探す。私の場合、これまで我慢して取り組んで成功したこと、うまくいった例がほぼない。９割は失敗する。逆にわくわくすることさえできれば、自分も想像できない力を発揮できる。１５０点を狙え、いつの間にかできることが増えているのである。

〝コミュニケーションはリアクションである〟というのが元コミュニケーション障害の私の対人持論なのだが、わくわく感がどこからくるかというと、**〝未来のリアクションへの想像〟**だと考えている。

相手の驚く顔を想像したり、達成感や充実感を感じている自分自身のリアクションを想像したりすることが、わくわくを構成する。わくわくすることは必ず未来にあるのだ。

第2章

正解はない。別のやり方があってもいい

3年半の不登校時代で体験したこと

学校は「行くのが当たり前」ではなく、
「行きたいときに行くもの」である。

人と馴染めなかった幼少時代

私の幼少期は、ちょっと変わった子どもだったようだ。保育園でもみんなが仮面ライダーを見ているテレビの時間、部屋の片隅で1人になって折り紙をしたり、工作をしたりしていた。目を離すと脱走して1キロメートルも離れた家に帰ろうとする子だったらしい。

とにかく集団行動が嫌いだった。幼稚園も運動会の練習が嫌で逃げ回った。小学校では教室で席に座らないといけないのが苦痛で、何度も教室から逃げ出し、よく男性教師に追いかけられていた。

大人が入れない小さな下水道の中に逃げ込んだり、裏山へ逃げ、教師による捜索隊が出たりもした。逃げてダメなら隠れようと学校のロッカーに夜8時くらいまで隠れていたこともあったし、なぜか校庭の下に鍾乳洞《しょうにゅうどう》があると思い込み、夜まで穴を掘り続けたこともあった。先生からは頭がおかしいと言われた。

ものづくりが好きで、図書館の工作と書かれたコーナーの本はだいたい読み、図鑑を持ち歩いていたので「わくわくさん」「博士くん」というあだ名で呼ばれたこともあった。逃げ出すよりはマシだということで、授業中に机の上を使って段ボールや紙で工作することを黙認されていた。

大人と遊ぶのも好きで、職員室は遊び場。休み時間も職員室に遊びに行ったり、校長室にゴミ箱を持ち込み、校長先生とゴミ箱に空き缶をどれだけ詰められるかという勝負をしてみたりする小学生だった。

まったく勝手なことばかりしていたが、私がつくる工作はクラスでウケがよく、私がつくったもので数人のクラスメイトらが遊んでいる光景を見るのは嬉《うれ》しかった。

1度目のドロップアウト

3年半のひきこもりの始まりは些細《ささい》なことだった。小学校5年生にもなるとクラスメイトたちは精神的に成長を始め、私がつくる工作に興味が向けられなくなった。と同時に、勉強も宿題もせず、精神年齢が幼く、好きなことしかしていない私は少しずつ孤立していった。

また同時期、大好きだった祖父が病気で亡くなったことのショックや、体調を崩して入院したことなどが重なり、学校を休む機会が多くなっていた。

しばらく行っていないと顔を出しにくく、学校や教室がとても遠い、怖いところになってしまった。普段、本当に体調が悪いのだが、元気なときに学校ではいたずらなどをしているものだから、クラスメイトにはずる休みだとか、仮病だとか言われ、両親や担任は必死になって私を部屋から引っ張り出そうとし、無理やり学校に連れて行こうとする。それがあまりにも苦痛で、朝になって腹痛で起きられなくなり、体調も精神状態も悪化させてしまっていた。元気なときに元気にしていると、普段はやっぱり仮病だったのかと言われるので、笑ったり、はしゃいだりしなくなっていく。

6年生にあがったとき、私を気にかけてくれていた女性の先生の提案で、学校内に私の専用ルームをつくってくれた。

「教室に行かなくてもいいし、クラスメイトと会わなくてもいい。給食も食べなくていい。勉強もここでやりたいときにやればいい。皆よりも遅い時間に登校して、皆よりも早い時間に帰ればいいよ」

さらに嬉しかったのは、

「図書室の栞《しおり》が不足してるんや。吉藤の工作力でたくさんつくってくれへん?」

と、私に〝役割〟を与えてくれたことだ。学校の資料室で、4畳くらいの長細いひんやりした暗い部屋だったが、私はその部屋がとても気に入った。

私は張り切っていろいろな形の栞をデザインした。折り紙やペーパークラフトで1つ1つこだわってつくった。たまに歴代の担任や気にかけてくれる先生が訪問してくれて、私の特製の栞を見て感心してくれたり、オーダーメイドしてくれと注文を言ってくれたりした。必要とされている気がして嬉しかった。

そこでの昼ごはんは給食ではなく、母がつくってくれた弁当だ。先生が一緒に食べてくれた。

栞づくりにはやりがいを感じて、資料室が自分の居場所だと感じるようになった。精神的に回復したことで、少しずつクラスにも戻れるようになっていたのだが、職員会議か何かあったのだろう。吉藤だけこのまま特別扱いはできないということで、吉藤専用室の栞工房は2か月足らずで封鎖されてしまった。

それからしばらくは、週に何度か職員の休憩スペースのソファーで絵を描いたりして遊んでいたが、それも特別扱いはできないとなり、厳しい先生に連れられ、ある日突然、教室へ戻された。ずる休み扱いされる教室には居場所はなく、精神的にも辛くて人前に出ることも怖くなった。新しい環境を求めるように、すすめられて集団スポーツの少年チームに入ってみたが、よく休む私はそこでもすぐに立場がなくなり、やめることになった。長い先の見えないひきこもりへと突入していく。

何でも極めれば文句は言われない

祖父母が教えてくれて夢中になったのが折り紙だった。

小学校に入るくらいにはクラスで一番折れるようになっていて、さらに難しい作品が折りたくなり、車で40分かかる奈良県橿原《かしはら》市にある大きな図書館に毎週連れて行ってもらっては本を借りた。

毎回、決まって折り紙と工作以外の本も借りた。さらには図書館の下の階には科学館があって、そこの科学クイズに全問正解できるようになるくらい通い詰めた。幼いながら、将来は科学者になりたいと思っていた。

折り紙は好きだったが、本当のところ実は向いていなかったように思う。本の通りに、次はこれを折って、その次はこれという作業はすぐ飽きて嫌になってしまうし、一生懸命折って完成したものはシワが多く、学校の先生にはゴミと間違えられて捨てられてしまった。

折り紙をやめてしまおうかと思ったのだが、「だったら自分で誰も考えたことのない折り方を考えればいい」と、9歳くらいからは創作折り紙をするようになった。とはいっても、いきなり作品をつくれるはずもなく、紙をくしゃくしゃに丸めて「山！」と言ってみた結果、「こんなものは折り紙じゃない」と言われてしまった。

それが悔しくて、「そんな折り紙があってもいいじゃないか」と言い返したところ、「折り紙ってのは机の上に置いて端と端をぴったり合わせて丁寧に折るもんだ！　それは折り紙じゃない！」と言い返されてしまった。

その後、吉藤専用ルームでずっと折り紙をするようになり、オリジナルの作品をいくつもつくっては発表した。机を使わず、折り目もつけず、感覚だけで折るオリジナルの作品だ。先生に見せると「こんな折り紙見たことない！　すごいな！」とリアクションされたのが誇らしく、**「何でも極めれば文句は言われなくなるんだ」**と小学校5年生のときに感じた。

不登校の頃には、運動も勉強もできない私が唯一、人に自慢できる特技となり、長いときは1日15時間夢中になるくらい、ずっとやっていた。両親も、折り紙ばか

丁寧に折られた創作折り紙。下は出会った人に即興で折られて渡される「吉藤ローズ」。数十秒間であっという間につくられる。

りしてないで勉強とか、将来につながることをしてほしそうに心配していたが、結果的には、この折り紙の体験がのちのものづくりにつながっていったのだ。

孤独の悪循環

不登校の時代、とにかく感じたのは孤独感だった。

同じ小学校で不登校だったのは私しかいなかったこともあり、人と違うということも自覚した。中学に入ってからはさらに状態が悪化した。どうして人に嫌われてしまうのか、身体《からだ》の痛みを理解してもらえないのかがわからない。

他の人より勉強も心の成長も大きく遅れているという**劣等感**。誰かに会うたび、将来このままでは良くないぞと脅され、疲弊した家族の顔を見るたびに襲われる**焦燥感**。家からも出られず、身体も弱く、私には何もない、何も求められていないという**無力感**……そういったものがぐるぐるととぐろを巻き、人と会うと、つい自分と比べて余計ネガティブになってしまうから、ますます人を遠ざけてしまう。一番ひどいときは天井を見続ける毎日が続いた。

なんとか学校へ行ける日もあったし、中学入学後しばらくは環境が変わったこともあって頻繁に通えたが、休みが多い生徒＝変人として目をつけられ、いじめの対象になってしまったことで、また通わなくなっていった。

学校に行けたとしても教室でよく体調を崩し、保健室で横になる始末。布団を頭までかぶり、横になるとだいぶ楽になる。だが偶然にも父親が同じ中学校の先生でもあったので、保健室にいると父親が現れ、教室へ行けと言われる。熱血派の教師である父にとっても、実の息子が同じ学校で不登校というのは非常にやりにくかったに違いない。

このときの心境としては、〝**すべてが辛い**〟である。すべてとは、厳しくされることも辛く、優しくされることも辛く、何かしてもらうことも申し訳なくて辛く、

1人でいることも辛いのである。

一般的に他人に何かをしてもらったとき、「ありがとう」ということは当たり前だとされている。何かしてもらうたびに声に出して言わなくてはならない。言わないとそんなことも言えないのかと相手の感情を害してしまう。

ただ、普段他人から「ありがとう」を言われることのない無力感でいっぱいの自分にとって、他人に感謝の言葉をかけることは、それだけで自分の無力感を痛感する状態になってしまうのである。それゆえに、感謝の言葉すら言わない奴《やつ》と思われてしまい、さらに孤立していく。

人と会わない日々は、状況を悪化させていく。

孤立することで言語力や認識力も低下し、人との会話が成り立たなくなる。人と会うことで劣等感を感じ、相手に何を思われているのか顔の皺《しわ》の動きだけでも怖くなり、余計に人前に出られなくなっていく。これを**「孤独の悪循環」**と呼んでいる。

本当に何もできずに辛いとき、急に叫びたくなったり、衝動的にものを投げたくなったりする。そして、それを抑えているだけでストレスが溜《た》まるのだ。

ここで自分を嫌いになってしまうと終わりだと思い、自分だけは自分を好きになろうと意識した。

そんな中で私が耐えられたのは、趣味の折り紙の存在だ。

学校の保健室で折り紙の花などを折ると、先生が喜んで壁に飾ってくれた。他にも、嬉しがってくれる人が何人かいて、「自分でも人に喜んでもらえることがあるんだ」ということがわずかな気力をもたらしてくれた。

余談だが、保健室に私の折り紙を飾っていたことで、同じ折り紙が趣味の本田泰史という、のちに友人となり、そして10年後にロボット開発において大きな力になってくれたクリエイターと出会うことになった。

孤独な日常の果ての出会い

中学1年の夏前、家で折り紙をするか、ゲームをするか、寝るかの生活をしていると、母親が急に「ロボットコンテストに申し込んでおいた」と言ってきた。一体何を言っているのかと思ったが、昔からテレビでNHKのロボコン番組を見るのが好きだったこと、申し込まれた会場が何度も通ったかしはら万葉ホールの科学館だったこともあって参加を決意した。

このコンテストは「虫型ロボット競技大会」といって、市販の虫型ロボットを組み立ててプログラミングをし、ゴールを目指すことでタイムを競うものだ。参加者それぞれにパソコンが与えられ、専用の通信ケーブルを使ってロボットに信号を書き込んでいく。プログラミングというと難しいイメージがあるが、「左右のモータを前に5回転」「右のタッチセンサに触れたら1回転分後ろに下がって、右のモータだけ1回転させて旋回する」などというような簡単なものだ。実は、Windows

のＰＣにじっくり触れたのはこれが初めてだったので妙に嬉しかった。

周りは勉強ができる頭の良さそうな人ばかりに見えた。ブラインドタッチを習得している人もいた。すごく真剣な顔で画面と向き合ったり、他の参加者と自分のプログラムについて語り合ったり、ロボットをいじりながら頭を抱えて考えたりしている。

頭の良さではかなわないと悟った私はとにかく考えず、ちょっとプログラムを変えたらすぐに練習用コースで走らせることを繰り返しながら、人より多くのトライ＆エラーを重ねる戦略に出た。考えてから動くというよりも、こういうときはとりあえず回数をこなしてみるほうが得意である。

ロボットの足は可変式になっているが、これを少しでも変えるとつくったプログラムが無駄になってしまう。他の参加者はとにかくロボットの足の形状にこだわって変形させまくっていたので、逆に足の形状ははじめに決めたままままったく触らず、あとはプログラムの変更だけで勝負に出る作戦をとったのだ。

結果は……なんと優勝！　２回のタイムを計算して優勝を決めるのだが、１回目に良いタイムを出した優勝候補者が2回目で走破に失敗した。2回のトライで2回ともゴールできたのが私だけだったのだ。

偶然だが、この偶然がその後の人生を変えることになる。とはいえ直後は、この大会で優勝できたことは嬉しかったものの、特に誇らしいと思えるほどではなく、不登校から復帰するようなこともなかった。同じような療養と、たまに学校に行ってみては辛くなって早退するという日々を1年間も繰り返した。そのあいだ、また母にすすめられて2つのロボットのコンテストに出場したが、残念ながら両方とも受賞することはできなかった。

優勝した大会から1年後の夏、大阪で「ロボフェスタ関西2001」なるロボットフェアが開催された。全国から様々なロボットが集まり、たくさんのイベントが1週間にわたって行われるビッグイベントだ。

そのロボフェスタの最終日に「虫型ロボット競技大会グランドチャンピオンシップ」なる大会があり、関西のいろいろな場所で行われていた競技大会それぞれの優勝者が出場できるという。私の名前もトーナメントに入っていた。凝り性の私はかしはら万葉ホールの大会用のコースを貸してもらい、そこで丸1日かけて事前の準備をした。

本大会は、順調に決勝戦まで勝ち上がったものの、決勝戦で負けてしまった。そのとき人生で初めて「くそう！」と叫んで、握り拳をつくったことを覚えている。握り拳なんて漫画の世界だけだと思っていたのだが……。2位というのがこれほど悔しいとは思わなかった。

ただ、その大会で大きな出会いがあった。展示会場内で、私より大きなロボットが動いていたのだが、そのロボットはなんと、補助輪付きとはいえ一輪車を漕《こ》いでいたのだ。準優勝の景品としてもらった有料冊子の中にもこのロボットのことが詳しく書かれていて、開発者の先生が、地元の高校の先生であることも書いてあった。

この先生に弟子入りすれば、もっとすごいロボットをつくれるかもしれない。人の役に立てるロボットをつくれるかもしれない、と無性に思った。

これがロボットを展示していた先生、久保田憲司師匠との出会いだった。

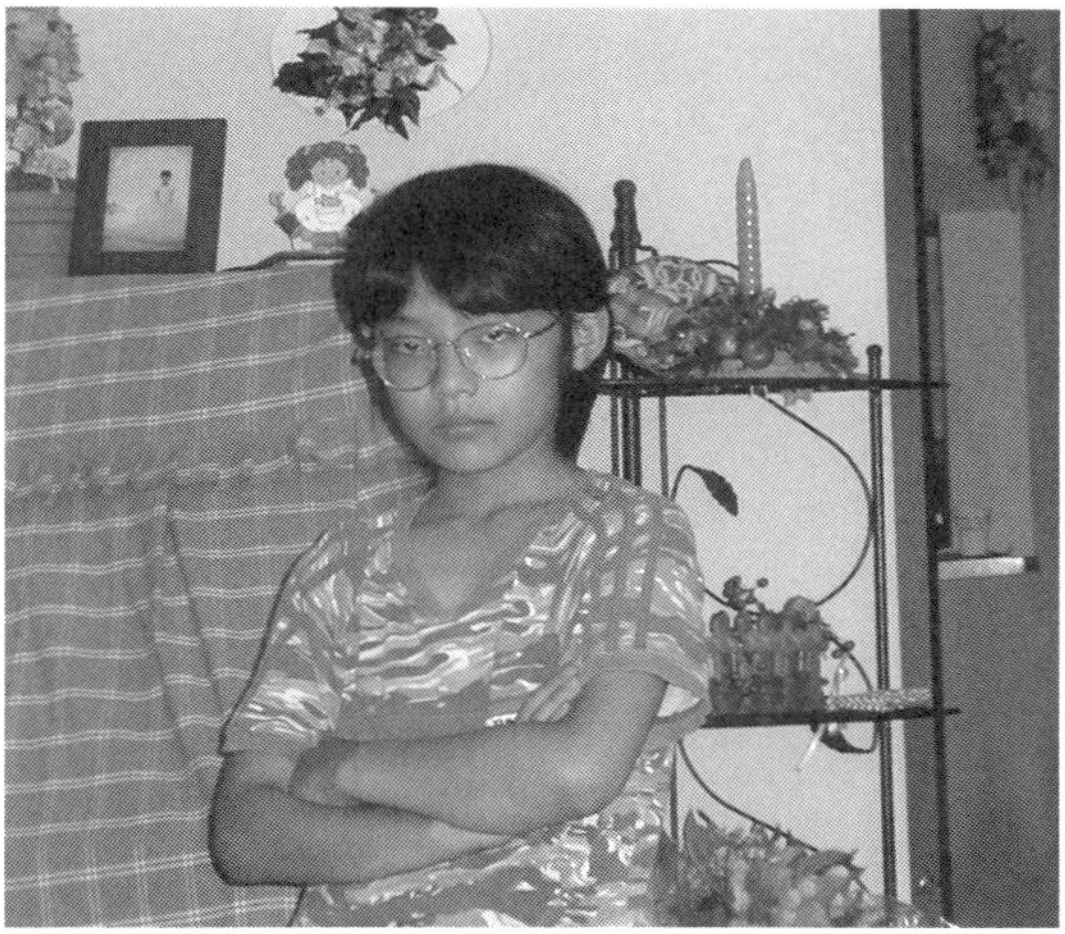

小学校時代の著者。

中学生のときに参加したロボットコンテストが人生を変えた。

ひきこもりからの脱出

「弟子入り」という言葉はなかなか一般的ではないかもしれない。しかし不登校当時、世間知らずな私は、世の中のあらゆる人たちは誰かに弟子入りをして成長し、大人になっていくのだと思い込んでいた。この先生が私にとっての師匠だと勝手に直感し、弟子入りするために先生が教員をされている高校への進学を決心するのだ。

ロボットに目を輝かせているのを見た母が高専や工業高校へ行くことをすすめてきた。なんでも、ロボコンに出るような高校生たちは広い体育館のような作業場で、朝から夜まで、ずーっとものづくりに専念しているのだという。

久保田先生も奈良県立王寺工業高校で教員をされていると知り、久保田先生に弟子入りして、朝から夜までものづくりがしたいという気持ちでいっぱいになった。

ただ、ロボットはものすごく頭の良い人がつくるイメージがあったのも事実だった。物理や数学、パソコンに英語など、いろいろな学問に精通していないといけないと言われていたし、きっと雲の上の人たちの偉業に違いない。

その頃、一応テストだけは受けていた私の学校の成績は、国語・数学・理科・社会・英語の5教科の合計が100点を下回っている有様だった。理科そのものは好きだが興味にかたよりがあったため、テストはボロボロだったのだ。

どう考えても私には無理だと思った。でも、もしかしたら久保田先生に弟子入りすれば道が開けるかもしれない。それ以外に道はない。そんな気がして、毎日、中島みゆきをBGMに、教科書をノートに書き写し始めた。

幸い？　私には一緒に遊ぶような友達もいなかったため、折り紙も一時的に封印し、中学3年生の1年間は、ほぼ勉強だけをやった。好きなことと違い、集中力は全然もたないうえに、やる気も続かない。塾に通わせてもらうものの、学力別でも一番下のクラスでヤンキーたちのいじめに遭ったのは笑うしかない。

勉強しても成績には全然影響しない。特に記憶力がないので覚えることが多い理科や英語や社会はひどかった。「人は誰でも努力できる」とか「俺がやれたんだから お前もできる」とか、そんな言葉がまったく信じられず、嫌いだった。「そりゃ、お前だからだろう。一緒にすんな」と。

公式を覚えられず何度も怒られ、辛くてストレスでまた腹痛が起こる。そんなときは一時的に折り紙や好きなことをして精神的に回復させてから勉強する。その繰り返しで、少しずつ、本当に少しずつだが学校のテストも点を取れるようになっていった。

学校は行きたいときに行くもの

勉強の効率的な方法を学ぶために塾に行って、家でも勉強をした。勉強は相変わらず嫌いで、好きな工作や折り紙だと15時間も続けられるのに、勉強にはその集中力は一向に発揮されず、自分は勉強に向いていないと愚痴を言いながらも、結局人生でそのときが一番学校の勉強をした1年間だった。中学3年分の勉強を半年でするようなもので、勉強が嫌だ嫌だと言いながらもノートに写し続けることができたのは、勉強をする目的と目標ができたからだ。

目標ができたことで少しずつ学校にも行けるようになり、授業にも出るようになっていった。だが他の生徒とは勉強の進み方も違うので結局、授業にはうまくついていけずに独学。質問があるときだけ学校に行くようになる。

このとき既に、学校は「行くのが当たり前」ではなくなり、「行きたいときに行くもの」に気持ちが変化していた。この考え方はのちに高校時代、高専時代、大学時代でも膨大になったやりたいことの取捨選択をするうえで非常に役に立った。

当時の私にとって学校に行く理由は科目の先生に質問をするためであり、すべては憧れの先生に弟子入りし、ものづくりを学ぶためだ。

正解は1つじゃない。

そう思えてきたのも、この頃だった。

第3章

心の底からわくわくすることをやる

ひたすらつくるだけの3年間

「私は孤独を解消するために生まれてきた」

そう言えるようになろうと思った。

師匠への弟子入り

工業高校に入学した日、さっそく中学時代に出会った憧れの先生を探したものの、入学式の日は学校におられなかったようだった。そのため次の日は朝早くに登校して、先生が出勤してくるのをじっと待つことにした。

当時、私はすごく人見知りで、出会ってすぐ先生に「弟子にしてください！」と叫ぶ練習をしていたはずだったが、結局は「あーあの、久保田先生ですか……」とボソボソと話しかける、印象の良いとは言えない出会いとなってしまった。

なんとか先生の下でものづくりを学びたくて入学した旨を伝えると、「よし、ついてこい」と、学校の隅の部屋に連れて行かれた。天井まである細長い扉が開き、秘密の部屋のように思えたその場所こそ、私が高校時代の3年間、師匠に叱られ続けることになる「進路指導室」だったのである。

中学時代にロボットの大会で2度、受賞したと聞いて、すごい奴《やつ》が入ってきたとはじめは思ってもらえたらしいが、久保田先生から訊《たず》ねられた「こんなんやったことあるか？」「これは知ってるか？」という経験の質問に、私はほとんど「いえ……ありません」としか答えることができなかった。

「なんや、まだまだやな」

先生は落胆されたような表情で言葉を続けた。

「ええか、いくら本当でも相手に期待させることを言うな。言うからにはその期待を常に上回らなあかん。常にや。ちょっとかじったことをできるとは言うな」

右も左もわからない私に師匠がすすめたのは、教材でもあるポケコンで、課題はプログラミングをしてくることだった。ポケコンとはメーカー企業が教育目的に製造、発売していたポケットに入るサイズのコンピュータのことである。

コンピュータといってもWindowsなどが入っているわけではなく、見た目はキーボードのついた関数電卓のようなものだ。144×48ドットの白黒スクリーンがついていて、30KBのデータを保存でき、C言語、BASIC、CASL（アセンブリ言語）を入力することができる。

当時、世の中にあるノートＰＣのメモリが５１２ＭＢで高性能だったことを考えても、けっしてスペックは高くないのだが、ポケコンが素晴らしかったのは全校生徒が漏れなく教材として所有していること、授業中に出していても教材なので先生に怒られないこと、ポケコン同士を物理的につなぐことでデータの受け渡しができることだった。

人見知りをなんとか克服しようと思い、副室長に立候補したものの、クラスでもうまく友人づくりができない相変わらずの私だったが、つくったプログラムは「授業中に遊べるゲーム」としてクラスを超えて流行していった。

育成ゲームをつくり、授業中に先生の目を盗んではキャラクターを育成し、皆で休み時間に通信対戦して遊ぶのである。大事に育てたがミスで放置したことで死んでしまったキャラクターを復活させるコードを、私は購買のパンと引き換えに提供していた。

1年生の夏休み前には、既に3年生も「Made by Yoshifuji」のゲームで遊んでくれるようになっていた。

人付き合いの苦手さを得意なことでカバーする

休み時間には、クラスメイトが私に攻略法を聞きに来たり、バグの報告を持って来てくれたりした。誰かが内部のメモリを直接書き換えることで、パラメータを強化させるチート行為を行ってきたときは、それを検知して育成するキャラクターをバグらせるコードを仕組んだり、その網をかいくぐってパラメータをいじるツールを配り始めた者がいたりしたので、そのツールを使ったことがわかると、ポケコン自体を初期状態に戻す制裁を与えるコードを仕組むなどの攻防が楽しかった。

C言語は、処理が高速だが、コンパイルするため30ＫＢのメインメモリ容量をすぐに使い果たしてしまう。一方で、（ポケコンの）ＢＡＳＩＣはインタプリタ言語といってプログラムコードの1行1行を実行していくため、メモリが節約できる一方で処理が重い。これらの特性を使いわけながら、自分のアイデアで次々と新しいゲームをつくっていく感覚は、小学生のときに「工作博士」と呼ばれていたときと同じだった。私は自分1人で勉強するのは向かないが、つくったもので人が喜んでくれるなら、そのために何時間でも飽きずに工作ができる性格だったのだ。

師匠にも毎日つくったものを見せに行くと「すごいな!」と率直に褒めてもらえたので、さらにスキルの向上は加速した。

登校中の電車の中など、暇があったらずっとプログラミングをしていて、休み時間は自作ゲームの話で盛り上がるオタクたちの中心にいたのが私だった。

特に面白かったのは、授業中に遊んでいることをいかに先生にバレないようにするかの攻防だ。専門外の先生なら、画面を偽装すれば関数電卓を使っているようにしか見えないが、情報系の先生には特定の操作をされることですぐバレてしまう。だからそれを見越して先手を打っておくのだ。

そのうち、ポケコンを不必要に触っているだけで怒られるようになったので、机の下に足で押せるコントローラを自作して配ったり、さらにバレないように超音波センサをつなげ、足の自然な動きで、非接触に操作して遊ぶシューティングゲームをつくったりもした。

今ではそんなことなどないかもしれないが、当時、工業高校というところは不良の溜《た》まり場と言われるような世間的なイメージもあり、実際にも生徒同士や教師との衝突は日常茶飯事。先生たちも、まず生徒と向かい合うには知恵だけではなく腕力ものを言うような世界だった。しかし、生徒のことを想う、とても熱血な教師ばかりだった。

体育教官などは常にバリカンを持ち歩いていて、素行の悪い生徒は全員坊主頭にされる。私の学年も半分以上が坊主になっていた。今では体罰になるのでできないだろうが、当時はそんな言葉さえ注目されていなかった頃だ。タバコを吸って謹慎をくらうことがむしろ勲章のように思えた。

そんな今までろくに授業を聞かなかった生徒たちが、急に授業中に真剣な顔でポケコンに向かっているのである。教師もさすがに疑問を抱く。何をしているかと思えばゲームだ。ＲＵＮすると「Made by Yoshifuji」とクレジットが出てくるので一発で誰がつくったかバレた。さすがに私もそこまで皆がやるとは思っていなかったのだ。即刻、学科の教官室に呼ばれた。当時の学科長にポケコンを見せられ、

「これをつくったのはお前だな」と言われた。怒られると思ったが、

「これはすごいぞお前！　3年生まで見ても、ここまでつくれる奴はおらん！

ちょっと真剣にパソコンを勉強しろ！」

　そう言われて初級シスアド（今で言うITパスポート）のテキストを貸してもらうことになった。当時、16MBのUSBメモリがどれくらいのものかもわからず、そもそもUSBという言葉すら知らなかったし、PCのブラインドタッチもできなかった。ポケコンのキーボード入力のほうがはるかに速かったほどである。

　しかし、このことがきっかけでパソコンにハマり、高校2年生で初級シスアドの資格を取得した。のちに、普通は情報系の大学生や社会人1年目が取る資格だということを知る。自分は勉強ができないと思っていたが、興味を持ったことは勉強できる事実に気づき、重要なのは興味を持てるかどうかだと知った。

　さらに以前から興味のあった3DCGの勉強も始め、独学で3Dアニメーションもつくれるようになり、情報処理部の部長とタッグを組んで一緒にコンテストに応募し、受賞するレベルにまでなった。好きこそものの上手なれ、とはこのことだ。

養護学校でのボランティアと車椅子

折り紙はあくまで私の趣味だ。何かのために学んだわけでもなく、不登校のときの心の支えとしてやっていたに過ぎない。しかし、この折り紙が思わぬ道を開いた。入学直後、折り紙が得意であると知った久保田師匠から、「養護学校での学校間交流のボランティアに参加してこい」とすすめられた。

養護学校（2007年の学校教育法の改正に伴って、今は「特別支援学校」と呼ぶ）では、肢体不自由、知的なハンデキャップを持つ中学生や高校生がバスで通い、授業を受けていた。うまく話せない生徒、ずっと笑っている生徒、多くの生徒が「車椅子」に乗っていた。

初めての人ばかりの環境で戸惑っていると、障害があるようには見えない女の子が話しかけてくれて、仲良くなった。話してみると、皆とても友好的で、私が折り紙の講座をやると喜んでくれた。うまく折れない人もいるが、そんな折り紙があってもいいじゃないか。折り紙に限らず「○○でないといけない」というルールはないのだ。

仲良くなったところで、今度は皆で近くのファミレスへと食事に行くことになった。そこで私は車椅子を押しながら、しばらく歩道を歩いてみたが、そのとき車椅子がこんなに不便なものなのだと知って、強烈な衝撃を受けた。

私も小学生の頃に1度だけ車椅子に乗ったことがある。私にとって一番はじめに経験した福祉機器が眼鏡、次に車椅子だった。私はとても目が悪く、今では眼鏡を外すと普通の道を歩くことすらできない。悪くなり始めたのは小学1年生の頃、目を細めないとテレビや黒板の文字を読むことができなくなった。

そのとき眼鏡を初めて買ってもらったときの感動は忘れられない。文字が見えて、人の顔が見えて、夜空に浮かぶ月がちゃんと1つに見える。風呂に入るときに曇るとか、多少の不便さはあるものの、もはや自分が〝視覚障害者〟であるという自覚はなかった。いや、実際に私を世間では〝視覚障害者〟とは呼ばない。たしかに裸眼ではもはや10センチ先の指の指紋も見えないが、眼鏡やコンタクトをしている状態が当たり前で、生活にまったくといってよいほど問題ないからだ。

眼鏡やコンタクトのない時代に生まれていたら、私は「障害者」と呼ばれていただろうし、同じような人もかなり多くいただろう。しかし、眼鏡があることで人類は障害を克服したのだ。テクノロジーは障害者と健常者の垣根をなくしてくれるものだ。小学1年生の私はとても感動したことを覚えている。

一方で車椅子はどうだろうか。歩くことが辛い、あるいは不可能なときに通常通りの移動を実現してくれるのか。残念ながらこの現代においても、人は車椅子ユーザーを障害者と呼ぶ。

私もそれまで車椅子というのは足や身体《からだ》が動かない人が乗る、「足の代わりになるもの」だと思っていた。しかしそんなことはなく、視線は他の人よりも低くなるうえ、移動は難しいし、格好も悪かった（格好悪かったというと車椅子に乗っている方々に申し訳ないので、あくまでも私の主観であるが）。

車椅子は乗っている人の顔も見える、いわば〝**1人乗りのオープンカー**〟だ。なのに、まるで安いパイプ椅子のような無骨な形状で、デザイン性や格好良さが微塵《みじん》も感じられず、「何が車だ」と子どもながらに思ったことがあった。

誰も、ボロボロのオープンカーに乗りたいとは思わない。皆が憧れるような車椅子をつくれば、車椅子は「障害者の乗り物」ではなくなる。健常者とか障害者とか意識することもなくなるし、道ももっと整備されることだろう。


養護学校ボランティアで車椅子を押したとき、歩道で車体が傾いてしまうこと、車道から歩道にあがるスロープの、4センチほどの小さな段差を越えるのができないことなど、多くの問題点が見て取れた。

養護学校の生徒たちは「そんなもんだよ」と言ったが、では世の中の人たちは皆、この車椅子での不安な生活を「そんなもんだよ」と我慢しているというのか。外にも自由に出られず、1週間の多くを安全だからと家にこもっているのかと思うと、何か考えずにはいられなかった。

それから何日間か、そのことを考え続けていたとき、久保田師匠が指導される高校3年生の卒業研究グループが、椅子に腰掛けたロボットと、そのロボットの乗り物づくりをスタートさせたことを師匠から聞いた。

ラフイメージ図を見せてもらうと乗り物のスケッチがとても美しく、私が理想とした車椅子に近いデザインだった。私はお願いをして、卒業研究に関わらせてもらうことにした。その後、ロボットの乗り物としてのコンセプトから、ロボットよりも人の乗り物をつくることになり、本格的に車椅子をつくる研究となっていった。福祉機器開発の始まりである。

最高の車椅子をつくりたい！

私が通っていた工業高校には実習工場があり、旋盤やフライス盤などの工業機械がたくさん置いてあった。溶接機、切断機、サンドブラスター、中には数億円もするらしいCNCマシニングセンタもあって、私の主な作業場はその機械が置いてある工作室になった。先生たちが機械を使っている様子を毎回見ることができて、使い方を見て盗んだ。

また、自由にブレーカーを操作して電源を入れ、好きなときに使わせてもらえたのは本当にありがたかった。旋盤やフライス盤など、一歩間違えば大怪我《けが》ではすまない機械なのだが、それを高校1年生のうちから、しかも学科も違う生徒が使わせてもらえたのは恵まれている。今の時代ではそうはいかないだろう。

私はそのような環境の中で車椅子開発を手伝わせてもらった。それもただの車椅子ではない。格好良くて思わず乗りたくなる、安全で、快適に走行できる次世代型の車椅子だ。先輩たちは、電動車椅子ではなく、電脳車椅子と呼んだ。

中にジャイロセンサ（傾きセンサ）を搭載し、車体が右に傾くと、右のタイヤが下がり、左のタイヤが上がることで乗っている人を常に水平に保ってくれる。前後にも同様に対応する。私が養護学校のボランティアで感じた不安定さを取り除いてくれる機構だ。さらに、デザインも車のような曲線美を目指すことにした。

とはいえ、当時の私には、どうやってそれをつくるのか見当もつかない。

先生はCADの設計図を描き、印刷した図面を指先ではじきながら、「こうすればテコの原理でスタビライザを動かしてタイヤを持ち上げられる」と説明した。「ははあ、なるほどぉ」と感心したものの、こんな部品をどうやってつくるのですか？　と疑問を抱いた。すると、次の日にはさっそく工場でパイプを曲げて溶接でつくって見せてくれた。曲面で人が乗れるような外装はどうやってつくるのだろうと思ったところ、今度は大きな発泡スチロールを買ってきて、それをゴリゴリと削ってつくることを教えられた。

アイデアを形にするため、脳内でイメージをつくって設計図を描き、実際にすぐに手でつくってみせる。師匠が、まるで魔法使いのように思えた。

1年生の夏は全身真っ白になりながら、何日も日が暮れるまで巨大な発泡スチロールを削って磨いた。帰る時間はどんどん遅くなっていき、1年生の夏には既に22時50分まで学校に残り、23時5分の終電で帰り、風呂に入って寝て、翌朝は6時30分の電車で学校へ行く、そんな生活になった（体調の良いときは……の条件付きだったが）。

かくして高校1年の秋には、その車椅子は完成した。

電脳車椅子「Ｗａｎｄｅｒ」。

ツヤ出しアルミパウダーピンクで塗装された曲線ボディに、ヘッドライト、サイドミラー、ウインカーも搭載。バンパーもついている。前輪駆動の３輪式で、タイヤの厚みは10センチ以上、最大の特徴は内部に搭載されたジャイロセンサで傾きを感知し、自動で姿勢を水平に保ってくれる水平制御機構だ。師匠と卒業制作の３年生の先輩ら４人と私の６人でつくった力作である。

11月に開かれる「産業フェア（於・かしはら万葉ホール）」で初披露した。そこでも師匠は手を抜かない。時間がない中、傾斜を経験してもらうための斜面をベニヤ板でつくり、緑色に塗装もした。壁にも「Ｗａｎｄｅｒ」と書かれた大きな壁紙をつくって貼り、天井からも看板を吊《つ》るした。

「やるからには、ここまでやるか！　と思わせるまでやらなあかん」

師匠に何度も言われた言葉だ。

当時16歳の著者。この電脳車椅子が海を越えて世界でも認められた。

傾いた場所でも安全な「水平制御機構」。

日本最大の科学コンテストに挑戦

その後、様々なところで車椅子を発表したり、改良したりしているうちに、季節も春になり、私も高校2年生となった。

卒業制作として車椅子を一緒につくった先輩らは、それぞれに就職されていき、私があとを継ぐことになった。

後輩が何人か参加してきて、電脳車椅子のさらなる改良プロジェクトを行った。普通の車椅子を師匠が入手してきてくれて、それに乗って様々な道を走行してまわっているうち、段差を越えられるようにしたいと考え、タイヤホイールに突起物をつけることで段差を登れるようにした。

もともと段差を登りたいという考えはあった。階段とはいわなくとも、道を走行していると車道から歩道にあがりたいと思うことが多々ある。その段差を登っていくようにしたのだ。

師匠からアドバイスをもらい、アイデアを出した。試作品モデルをつくって実験もした。タイヤの形状は円柱だが、それを外向きの円錐《えんすい》にすることで段差が登れると考えた。ただし、それでは簡単に滑ってしまうので、ドリル型にしたところ、思いのほかうまく登ることができた。しかし今度は車椅子のタイヤが外向きにドリル型で飛び出しているので、いろいろと危険すぎる。

そんな試行錯誤と実験の繰り返しの末に生まれたのが、半月型の突起物をつけたタイヤホイールだ。うまく段差にひっかかり、タイヤが半周回転することで理論上ではタイヤの半分の大きさの段差を登ることができる。これを実際の車椅子に装着することで、段差を登れる仕組みだ。

実際の搭乗試験も成功。工場の前の段差を登ることができた。

私たちはこの研究を、どこかのコンテストで発表することにした。私は勝負事にはあまり興味がなかったが、師匠は様々なコンテストでの優勝経験があり、「絶対に優勝できる！」と言った。

このとき、応募することにした大会は「ＪＳＥＣ（Japan Science & Engineering

Challenge)」という大会だ。高校生による自由研究のコンテストで、30組のファイナリストに残れば、ノーベル賞受賞者の小柴先生にも研究を見てもらえるだけでなく、さらに優勝すると世界大会の切符を手にすることができる。

この大会を選んだ一番の理由は、まだ2年目、前年できたばかりの若い大会であるということだ。若い大会ということは大会の運営側も「もっと盛り上げよう、大きなイベントにしよう、ぶっ飛んだ参加者に来てもらいたい！」という前向きな力が働いていて、ルールも厳密には決まっていないのではないかと、運営側や審査員の気持ちを考えた。逆に、何年も続いてきた大会はルールや審査基準が固まってしまっていて、運営も初回のときほど情熱がないことも多い。私はのちに様々なコンテストに出るようになるが、出場するコンテストはこんな基準で選んできた。

「JSEC2004（第2回ジャパン・サイエンス&エンジニアリング・チャレンジ）」のファイナリストによる最終プレゼンは、日本科学未来館の中でポスターセッション形式によって行われた。コンテストに出すと言ったときは、そこまで想像していなかったのだが、この大会は10分のプレゼンと5分の質疑応答で審査されるものだった。

それを改めて聞いたとき、私は逃げ出したくなった。人前に立つことがとにかく苦手で、「人前でしゃべっている」と思うだけであがってしまう。高校受験も面接がない受験方法を選択したくらいだ。「どうしたらいいのか」と師匠に相談した。

「練習あるのみや！」

ただひと言、それしか言われなかった。無駄な質問をしたことを反省した。


そのときから、師匠と後輩2人とのプレゼンの猛特訓が始まった。

「夢でも暗唱できるくらい読み込め！」

「腹から大声を出せ！」

「1日何十回も、隣の教官室から五月蝿《うるさ》いと怒られるまで練習せえ！」

台本も、何度も直しが入る。

「とにかく審査員に何回すごいなー！　と言ってもらえるかが勝負や。それを考えてプレゼンを考えるんや！」

何度考えてプレゼンしても、師匠からはNGを出される。挫《くじ》けそうになりながら、しばらくはプレゼンの研究ばかりの毎日になった。審査項目に「チームで出る場合はチームワークも評価する」とあったので、後輩2人とも役割分担を考えた。

ポスターデザインも何度も修正をし、実際の車椅子は大きくて持っていけないので、まったく同じ動きができる模型も用意。相手の顔をしっかり見ながら、たとえ気が散っても内容が口から出てくるまで練習した。なにせ、他の出場高校はほぼすべてSSH(スーパー・サイエンス・ハイスクール)の高校や、有名な進学校ばかりである。学力や頭の良さではまったくかなわない。

とにかく、「ここまでやるか!」「すごい!」と言わせることを目標に徹底的に準備して、大会に挑んだ。

日本科学未来館の1階、大きな地球のディスプレイの下で行われたポスターセッションでは、審査員の教授らが順番に回ってくる。私たちは、そのたびに誰よりも元気よく、大きな声で、

「気をつけ! それでは奈良県立王寺工業高校の発表をします! よろしくお願い

します！」

「よろしくお願いします！」

大声で挨拶をして礼から始めた。ポスターセッションで、こんな始め方をする人はいない。これも作戦だ。練習を重ねた、まったく無駄のない動きで発表。

「それでは、この部分は○○くんに説明してもらいます！」

「はい！　わかりました！　それではこれから、今世紀最大の段差登りをご覧に入れます！」

まるで舞台か何かのショーのようだ。

周りでプレゼン中のファイナリストや審査員らも、あまりの気迫になんだなんだと気にしていた。成果物には自信があったものの、それを最大に伝えるプレゼンテーションが自信なさげに下を向いていては台無しである。いささか自分でもやりすぎではないかと思い恥ずかしかったが、「ここまでやるか」の心情だ。

発表が終わり、審査を待つ時間は、緊張と疲労で崩れ落ちてしまった。

ホールに移動して表彰式が始まり、受賞者の名前が読み上げられていく。

上位3位に入れば、半年後にアメリカで行われる世界大会への切符が得られる。順番に高校名が呼ばれ、「まだ呼ばれるな、まだ呼ばれるな」と思っていたところ6番目くらいに私たちの学校名が呼ばれた。

「アジレント・テクノロジー特別賞 奈良県立王寺工業高校」

受賞は嬉《うれ》しいが特別賞ではアメリカには行けない。

これだけ頑張ったのにダメだったかと、悔しさがこみ上げてきた。

その後、2位までの発表が終わって、最後の文部科学大臣賞の発表のときにはがっかりし、「やっぱりあのプレゼンは良くなかったか……」とか「もっと数値的なデータを多くしたほうが良かったか……」とか考えながら落ち込んでいた。

「文部科学大臣賞は、奈良県立王寺工業高校！」

「！！？？」

まさかの優勝である。それに2つも受賞できるとは思っていなかったので、喜びよりも驚きで身体《からだ》が固まってしまった。他の進学校の高校と比べ、我らが王寺工業高校は圧倒的に学力偏差値も下。パネルや論文、説明のレベルも高くなく、勉強も得意ではない。そんな私たちが優勝できたことは大きな自信になった。

緊張のあまりプレゼン中や表彰式のことはほとんど覚えていないが、のちに親しくなった運営や審査員の教授らからは、10年以上経《た》った今でも、あのぶっ飛んだプレゼンは頭から離れないとからかわれている。

世界大会への挑戦と世界の高校生との出会い

「Intel ISEF」は、現在では世界75以上の国や地域から、それぞれを代表する約1700人以上のファイナリストが集まる「科学のオリンピック」と呼ばれている大会だ。50年以上の歴史があり、大会歴代出場者の中から現在に至るまで7名のノーベル賞受賞者を輩出している。

賞金総額は4億円以上であると言われ、上位入賞者の一部は次の年のノーベル賞授賞式に参加できる。世界的に名前の通った大会だが、日本であまり知られていな

2つの賞を受賞したJSEC。2列目中央が著者。

いのは、サイエンスに対する関心の違いかもしれない。

前年2003年にJSECで優勝し、ISEFに出場したという東大の明らかに頭の良さそうな先輩が、ISEFでは何の賞もとれなかったというから、ヤバい大会に出ることになってしまったとストレスで腹痛になった。

それからの半年間は怒濤《どとう》の日々だった。優勝したことを喜んでいる余裕もなく、5月の大会に向けての猛特訓を始めた。

決意表明として、校庭の朝礼台（校長先生が挨拶するときに登る台）に1人で立たされて全校生徒の前でアドリブでスピーチをさせられたり、英語でプレゼン（しかも予定していない質疑応答も含む）をさせられたりした。

後輩2人は頼りないリーダーの私の言うことを聞いてくれない。後輩の1人のほうがリーダーシップを発揮していたし、私にリーダーは向いていないから代わりたいと師匠に相談しても許可が出ない。プレッシャーが原因なのか謎の腰痛に悩まされ、逃げ出したくなったりもした。

さらに、師匠のアドバイスで声を大きく出すための発声練習を追加、校庭の端から大声で（しかも英語で！）プレゼンし続ける特訓もメニューに入った。練習が厳しい野球部のクラスメイトにも「大変だな」と笑われたくらいだ。基本的にノリが体育会系のそれだ。人見知りであがり症の私に、これをさせる師匠はすごい。もう少しで心が折れるぎりぎりのラインだったのではないかと思う。

おかげさまで、その半年間で一気にメンタル面が成長できたのだが。

２００５年3月に東京のインテル社で日本のファイナリストが集まってのプレゼン研修会が行われ、春休み返上で準備した。そのような体験を経て、5月のＧＷを過ぎたとき、ついに私たちはＩＳＥＦの舞台、アメリカはアリゾナ州フェニックスへと飛んだ。

日本から海外に出たのは、このときが初めて。そもそも飛行機に乗ることも生まれて初めての体験、いろいろな意味で興奮の連続だ。アメリカの大地の広大さにまず驚きを隠せない。道の広さやごはんの大量さに驚き、会場となるホールの巨大さに驚き、そこに集まった、一日で頭が良さそうだと感じる各国の代表者や関係者の人の多さ、大学まるまる借り切ってのウェルカムパーティー、オリンピックのようなオープニングアクト、科学者のイメージを覆すいきなり踊りだすテンションにも圧倒された。

4年前は学校に行くこともできなかったのに、なぜこんなところにいるのか。まるで現実味がなく、「これは夢の中ではないか」と表現する人の気持ちがよくわかった。

この大会のあらゆることが想像以上で、私のこれまでの17年間が何だったのかと思えるくらい世界観や人生観を広げたが、実際にその後の人生を大きく変える出来事につながったのは、とあるパーティーでのことだった。

私はパーティーが苦手で、自分から積極的に「ハイ、どこから来たの？」と雑談を始める度胸はない。しかし、私には折り紙がある。机で他の日本のファイナリストと折り紙を始めたところ、パーティーで同じテーブルについていた研究者と思《おぼ》しき年配の女性が「ジャパニーズ オリガミ！」と反応してくれた。

即興で富士山を折り、日本のピンバッチと一緒にプレゼントした。すると周りにいた人たちも集まってきて、その場で折り紙教室が始まった。私は英語でうまく説明できなかったが、隣にいたエジプト人高校生が私の折り方を見て大声で実況し、大きな人だかりができた。

海外で折り紙がこんなに人気とは思わなかったが、特技は持っておくものである。その縁で彼らと仲良くなり、研究の話もした。

そして、そのうちのファイナリストがこう言った言葉に愕然《がくぜん》とした。

「俺の研究は、人生そのものさ」

「俺はこの研究をするためにこの世に生を享《う》けて、そして死ぬ瞬間まで研究する予定だ」

この話を聞いたとき、一瞬、私は意味がわからなかった。

15歳から18歳の高校生が、この研究のために生まれてきたと言い、残りの50年以上の生涯をただ1つの研究に費やすという。あまりに当たり前のように言われたのが信じられなかった。

きっと宗教観の違いか、そういう英語の言い回しがあるのだろうとも思った。しかし同時に、「私は車椅子をつくるために生まれて、死ぬ瞬間まで車椅子を研究したいのだろうか?」と考えた。そんなことをそれまで考えたことは一度もなかった。たしかにつくりたいと思っていたものだし、ものづくりはとても楽しい。しかし、それが死ぬまでとなるとどうだろうか? 私は快適な車椅子を開発することのためにこの世に生を享けたのだろうか? 答えは、

「違う。死ぬまでは、嫌だ」

結果的に、我々のチームはIntel ISEFにおいて「Grand Award, Engineering」のチーム研究部門での3rd Awardを受賞した。日本、JSEC組としては初の快挙。同じ席で表彰を待っていた師匠や応援チームは泣いて喜び、私を表彰台へと送り出してくれた。

私も半年間の努力が報われたことや、誇らしさも感じながら、各国のフラッシュライトを受けて表彰台へと走った。だが、表彰台から降りたあとの私が感じたのは猛烈な**「これじゃない」**という気持ちだった。

私は、本当は何がしたいのだろう。

「Intel ISEF」でのひとコマ。快挙に全員が興奮した。

なんのために生きているのだろう。

そんなことを思いながら、皆のところへすぐに帰らず、舞台裏でしゃがみこんでしまった。

今思えば、あのときに後輩2人と師匠と、あの瞬間の喜びを共有しなかったことを少し後悔している。

残りの人生の使い方

その後、プレゼンの撤収のあとに打ち上げがあり、またJSEC事務局の粋な計らいからグランドキャニオンを見に行き、そこで1泊旅行をすることになった。グランドキャニオンはTVで見てから、いつか死ぬまでに一度は見てみたいと思っていた場所で、こんなに早くこの絶景が見られるとは思っていなかった。

私の予想を遥かに上回る広大さで、脳が処理できる距離感ではなく、景色が1枚の絵にすら見えた。この崖の上に立てば、空を飛んで行きたいと考えた先人の夢が理解できる。同時に、自分がその前では物質的にも歴史的にもあまりに小さすぎて、何をやっても意味がない気持ちすら湧き出してきた。

その夜、近くのホテルでＪＳＥＣプロデューサーの渡邉賢一氏に相談に乗ってもらい、語り合った。

帰国後、奈良県の工業高校が世界大会で部門３位の賞をとったと、連日メディアから取材を受けた。緊張してうまくしゃべれず、声が裏返ってよくわからないことを喋っている自分の姿がテレビで放送されたのはなかなか辛いものがあったが、中でも一番の苦い体験は奈良県の知事に呼ばれ、

「君はスーパー高校生だ。君に今年の始球式を任せたい！」

と言われたことだ。

シキュウシキって何だろう？　何かの式で喋ればいいのかなとか思っていたら、まさかの野球だった。それまでスポーツとはほぼ縁がなく、学校の体育もほぼ休み、

正直、ルールもよくわかっていない私に、野球ボールが渡されたのは人選ミスだ。ひょろひょろの骨みたいな自分の右腕を見ながら、物理的に無理だなと思った。

なんの因果か、昔から図書館と科学館に通い、中学時代に虫型ロボコンで優勝し、車椅子を初めて展示した橿原《かしはら》市、そこにある球場に、今度は野球の始球式をするために行くことになった。投げ方もわからないので父にお願いして教えてもらいながら練習をしたが、始球式本番は緊張し、案の定、ボールは右に大きく逸《そ》れた。球場やテレビで見ていた人はなぜこんな奴が投手にと思ったに違いない。

そんなこともあってテレビや新聞で紹介されていたとき、王寺工業宛てに、あるいは私に直接、「そんな車椅子が発明できるなら、こんなものもつくってほしい」などという相談がいくつも舞い込むことになった。

ある人からの電話での話だ。足腰が弱いということだったので「うちの車椅子が使えるんじゃないか?」と一瞬頭をよぎったが、使いたいシーンが家の中だったので断念。「それでは使えないな」と思うと同時に、家の中で自由に移動できる車椅子がないことに今さらながら気づいた。

その方は高齢で足腰が弱くなり、家の中を自由に移動できないので娘に引っ張ってもらっている。「2人暮らしの娘も、そろそろ高齢なので申し訳ない」と言っておられた。その話を聞いて、私はとてもショックを受けた。

格好良くて、安全で、快適に走れる電動車椅子があれば、足の不自由な人たちの生活がもっと楽しくて、便利になる。そう信じて研究開発をしていたのに、実際は家の中ではその車椅子は大きすぎて使えず、生活の大半を過ごす家の中の移動手段がない。そんなことにも気づかずに、車椅子をつくっていた自分に恥ずかしさを覚えた。思えば、この2年間で試乗してもらった人は、体育館や展示場で体験してもらって感想を聞いていただけで、実際に使ってもらいたい人の生活を見たわけではなかった(このときの思いが、のちに私が自分の足を使って現場を見て、使う当事者の話を聞くことから開発を進める人間にしてくれたような気がする)。

また、「大企業に電話をしたけどつくってくれないから、高校生だったらつくってくれるかもしれないと思った」と言われたこともあった。

実はこのときまでの私は、世の中はなんとなく、〝**わりと完璧にできている**〟と思っていた。よく怒られて不便な思いをしているのは協調性がなくひきこもりだった私が間違っているからであって、私以外の人たちは、立派な大人たちがつくってきた日本で、それほど不自由なく暮らしているのだと思い込んでいたのだ。

実際、そんなことはないと事実に気づけたのは、世界大会に参加し、視野が広くなったからかもしれない。師匠たちとクールでスマートな車椅子をつくっているときは本当に楽しかったし、なんとなく今後も楽しくものづくりを続けていきたいから、町工場にでも就職をして、職人として腕を磨きながら空き時間に車やバイクを自作したりしたい。いつか師匠みたいに学生にものづくりを教えたりできたらいいなと、ＩＳＥＦに行くまでは漠然と思っていた。

ただ、この一連の出来事の中で、

「高齢者が高校生に頼るしかないような世の中だったら、私にも何かできることがあるんじゃないか」

という気持ちが湧き上がってきたのだった。

「孤独」という問題と向き合う

高齢者の話を多く聴いたり、インタビューしたりしているうちにわかったのは、多くの人が**「孤独」**を感じているということだった。

耳が遠くなった人の悩みは、音が聞こえないことそのものではなくて、娘の声が聞き取れなくてコミュニケーションがうまくいかないことだったし、足が不自由な人も、**他の人様に迷惑をかけたくないから**あまり家から出なくなったということだった。

息子の家庭に迷惑をかけたくないから、一人暮らしで寂しくても電話をしない人の話も聴いた。周囲に申し訳ない、迷惑をかけたくないから我慢をする。その結果、孤独状態になっている。

私も不登校のあいだ、人に「ありがとう」と言うことが苦痛になったときがあった。「ありがとう」は人に何かをしてもらったときに言う言葉だ。ただ、自分は何もできないくせに他人にお願いばかりをして、はじめは優しかった人も少しずつ離れていってしまう状態を経験し、「自分なんかいないほうが皆は幸せなんじゃないか」と徐々に最悪の思考に陥っていったのだ。

ひきこもりで居場所がなく、自分を肯定できない状態は、本当に悪夢の経験だった。耐えられずに叫ぶこともあったし、自信もなく、無気力で、記憶力も低下して一時は日本語をうまく聞き取れなくなったことすらあった。

「孤独」に苦しんでいるのは私だけではなく、多くの人がこの精神的ストレスに苦しめられている。これから独居高齢者も増えるだろうし、入院している子どもたちもたくさんいる。

「孤独」のストレスは人を狂わせる。うつ病や認知症の原因になると言われているが、私はその可能性は大いにあると実体験から思う。本人だけではなく、家族や周囲の人にも大きな苦しみとなっていくだろう。

「孤独」を解消することに、私は残りの人生をすべて使おう。

あと何年生きられるか、研究ができるかはわからないが、世界大会で出会った高校生がそうであったように、「私は孤独を解消するために生まれてきた」と言えるようになろうと、このとき誓った。

進路は国立詫間電波工業高等専門学校（現香川高専）に決まった。

この年、２００５年は愛・地球博が行われた年でもあり、世間では様々なロボットが登場し、ロボット革命のときが来たとにぎわっていた。「癒しロボット」も、これくらいのときに有名になり始めたと思う。たとえば犬型のロボットは愛らしい動きができて、動物を飼えない入院患者や高齢者の癒しになると期待されていた。

私も、これからは人工知能ロボットの時代が来るだろうと考え、**「人を癒せるロボット」**を研究開発することに決めた。単純に、私がほしかったからでもあった。

しかし、自分の中の世界が広がったことや、やりたいことが見つかったことで、すぐにいろいろなことが良い方向に行ったかといえば、そんなことはまったくなく、むしろ、残りの高校生活はしばらくのあいだ迷走していた。

以前ほど車椅子に熱意がなくなってしまい、人工知能開発のための勉強と称して、後輩を集めてプログラミング勉強会をしてみたり、映画が撮りたくなって文化祭で流す映画撮影をしたり、人型ロボットをつくろうとして途中で諦めてしまったり、やりたいと思ったすべてのことに手を出して、どれも中途半端になってしまった。

師匠には、

「お前はなんでも手を出して、どれも中途半端になっとる。1つのことに集中して、まずしっかり完成させろ」

とひどく叱られた。さらには、

「休み時間はクラスメイトと遊べ！」

「人を大事にしろ！」

「雑談力をつけろ！」

それらは師匠なりの指導だったが、当時の私は、ものづくりとあまり関係がないように思えて耳を貸さなかった。私は人工知能がやりたいと反発したりして、衝突が増えたあげく、卒業前には、

「お前は3年間で成長せんかった」

と言われ、ひどい別れ方をしてしまった。

このときは面倒だとすら思っていた師匠の指導を、本当にその通りだったと痛感したのは1年後のことである。

友達ゼロだった高専生活

私が編入した国立詫間電波工業高等専門学校は、香川県の瀬戸内海に面した岬にある。私は奈良県生まれで海が珍しかったので、そこでの新生活に心を躍らせた。4年次の編入という形だったので、担任の先生に転校生という形で紹介された。しかし他のクラスメイトに自分から話しかけることはできず、話しかけられても変な答えを返してしまい、さっそく浮いてしまった。

寮での生活でもそこの〝ノリ〟についていくことができず、入学1週間もすると誰も私に話しかけてこなくなった。

不登校の頃とは別の意味での孤独感、孤立感があった。「でも良い。私はこの孤独を解消するため、**人工知能で友達をつくるため**に高専に来たのである。人間の友達など必要ない」当時は頑《かたく》なにそう思っていた。

情報工学科は4年になると研究室に配属される。私はそこで人工知能を専攻とする研究室の先生に挨拶に行った。そこで先生に弟子にしてくれと頭を下げたが先生は「はぁ」と首をかしげた。

当時の私はやる気に満ち溢《あふ》れていて、早朝に研究室に行き、夜は23時まで研究するという高校時代と同様の生活を送った。そして、そのあいだ、ほぼ誰とも話さなかった。その状況をよく思わなかった担任の先生は、研究以外のことやコミュニケーションの大事さを私に厳しく説いた。

「22時の門限までには戻れ！」と寮の管理人には怒られた。22時に点呼があり、ドアの前に立たなくてはならない。夜は消灯しているか見回りが来る寮生活は、私がイメージしていた高専とはだいぶ違っていた。おかげで夜は布団にくるまりながらPCを叩《たた》いた。

担任に部活に入ってはどうかと言われ、様々な部活も見て回ったが、入りたいと思うような部活はなかった。部員数がゼロだった映画研究会に入り、1人だけで部屋を使った。ほぼ1年間、1人で朝、昼、晩と食事をしていた。

孤独を癒すとは何なのか？

人工知能の研究はとても面白い。人間に意識はあるのか、記憶とは何なのか、我々が体験を思い返すときに脳内に思い浮かぶ瑞々《みずみず》しい記憶は、どうプログラムでつくり出せばよいのか……。

様々な論文を読み、3DCGでキャラクターをつくり、3Dゲームのようなインタフェースもつくって、モニターに向かって文字を入力。その意味を解析しながら、記憶と感情のパラメータなどに応じて文章を作成して返答を出力するプログラム。

画面上の〝友達〟をつくるために、日々朝から夜までそのことばかりを考えて誰とも話さない生活を送っていた。

友達をつくらず、1人で黙々と開発をしていて半年が経った秋、とあるガイダンスの先生の発言で、私は強烈な違和感を覚えた。

「人工知能は人の良いパートナーになり、人を愛し、慰め、癒す。それにより癒された人は幸せだ」

それまで私も半年間、そう信じて研究室に通い詰めては開発をしていた。たしかに、人を癒すロボットは存在する。それはアザラシ型だったり、犬型だったりする。それと触れ合うことで、動物と触れ合うのと同じような効果があるという論文もあった。ただ、それは本当に〝**ベストな状態**〟なのだろうか。

あらためて「孤独」や「癒し」とは何かについて考えた。

物理的な意味で自分が1人になり、人が周りに誰もいない状況は、まだ孤独とは言えない。誰でも1人になりたいときもあるだろう。身体が健康であるとき、1人の状況はストレスにならない。

ただ、風邪をひいたときや体調がすぐれないときなどに、何日も何日もずっと1

人でいるという状況は大きなストレスになり、心を疲れさせる。それが孤独というストレスである。つまり孤独とは**「周りに人がいない、自分は1人ぼっちで辛い」と自分が思ってしまう状況にある。**

その状態が続くと、何事にも積極性がなくなり無気力になっていく。気持ちが弾まないためについ人を避けてしまう。さらに自信や自己肯定感がなくなり、人と比べてしまうこと、比べられてしまうことに辛くなり、ますます人を避けてしまう。私はこれを**「孤独の悪循環」**と呼んだ。

この状況は危機的なもので、不登校の頃に私が陥っていたのはこの状況である。ではこのストレスに対する癒しとは何か。

世の中にはアニマルセラピーなど気を安らげてくれるものはたくさんある。実際動物などと接していると癒される感じになってくる。人工知能が人を癒すことは、いわばロボットセラピーと呼ばれていて、私もこれを目指していた。だがこれでは本当の意味での癒しではない気がした。

私はこうして学校に来ることができている。今、高専では孤立してしまったが高校時代はわりと友人もいて、社会復帰できていたと言える。この〝社会復帰〟を〝本当の意味での癒し〟と考えた場合、ロボットが直接的に社会復帰を可能にするとは思えなかった。

中学のときに私が社会復帰できたのは、あまり会いたくなかったが学校のクラスメイトや先生、両親のサポート、師匠との出会いだった。彼らに励まされたり、認めてもらったり、喜んでもらえたこと、目標を得られたことが私を学校復帰させてくれたことを思い出した。

人付き合いはストレスばかりで厄介なものだが、**「人を本当に癒せるのも、また人だけだ」**とあらためて思った。そのとき、私には2つの選択肢があった。

このままこの学校でとても面白い人工知能の勉強を続けるか。

あるいは人と人をつなぐ新しい方法を考えるのか。

人工知能は面白かったし、新しい仮説を考え、開発する毎日は飽きなかった。考えた理論でつくり上げたい目標もあった。でもそのとき頭に浮かんだのが1年半前にアメリカで出会った高校生たちの言葉から考えた、

「死ぬまでにやりたいことは何なのか」

ということだった。私が本当にしたいことは「孤独の解消」であって、人工知能を目的としてしまってはいけない。人工知能ではないと思ってしまった以上、それ以外の何かを考えなくてはならない。そんな気持ちが大きくふくらんでいった。

人生2回目のドロップアウト

人工知能を学ぶために高専に進学したが、そこにいる理由がなくなった。

さてどうしようかと思っていたとき、グランドキャニオンで語り合ったＪＳＥＣプロデューサーの渡邉さんから電話があった。

「ＪＳＥＣの歴代優勝者が早稲田大学に入れるという新しい入試制度ができたんだ。吉藤くん、その制度の第１号になって東京に来ないか。早稲田は吉藤くんに向いていると思う！」

そういえばＪＳＥＣで審査員をされていた早稲田大学の橋本周司教授が車椅子を見てくださったとき、「早稲田に来ないか？」とおっしゃっていたことを思い出した。調べると、早稲田大学はロボット工学でも大変有名な大学だった。しかも受験日は19歳の私の誕生日だった。なんて運命的なタイミングだと思い、入試を受けることにした。

かくして、高専を一年足らずで中退。東京へ行くことになった。

余談だが、早稲田の面接のあと、渡邉さんに招かれてＪＳＥＣの大会を見学に行き、ＪＳＥＣ歴代ＯＢたちと一緒にファイナリストの同窓会を立ち上げたのだが、その年２００６年の優勝者は高校1年生の女性で、のちに共に会社を立ち上げることになる結城明姫との出会いになった。

第4章

人と向き合うこと、自分と向き合うこと

いかにして対人関係を克服するか

「やるからには、
ここまでやるかと言わせなあかん」
師匠の言葉を思い出した。

どうやって人と話せばいいのか悩む日々

大学に入学した私には、やらなくてはならない最大の難関があった。

他人に話しかけ、雑談を交わしながらうまく関係性を築いて友達をつくる……いわゆる普通のコミュニケーション術を身につけるということだ。

というのも、**「人と人のあいだに癒しはある！」**などと言っている者が、人と雑談すらできないのでは話にならない。

今となってはそこまで対人が苦手というわけではないし、大勢の前で話すこともあるので人見知りだったと言うと驚かれるのだが、実際、本当に人と話すのが苦手だった。それまで、自分から初対面の人に話しかけたり質問したりすることは、大の苦手だったし、一度仲が悪くなった人と仲直りすることもなかった。

高専でも寮のイベントや談話室での会話には参加しなかった。「しなかった」というより「できなかった」というのが正しい。会話をしても面白くないうえに、頑張って喋《しゃべ》ったところで話も合わず相手もつまらなそうだ。だったら寡黙でもいいかと考えていた。高専時代は、1年間クラスメイトと用件以外の話をしたことがまったくなかった。

しかし、孤独の解消方法が人とのあいだにしかないと考えた以上、「人とうまく話せなくてもいいか」と言ってもいられない。久保田師匠が言っていたことはこれかと思った。

それまで人の会話の中に入ることができず、口をあけると意図せず微妙な空気をつくってしまう。コミュニケーション力ゼロから出発の、苦しい修行が始まった。

まずはSNSで東京の友達をつくることから始めてみることにした。高専に入学したあとmixiを始めていたが、早稲田大学への入学が内定した時期、推薦で合格した人のコミュニティを見つけてチャット上での友人をつくった。

入学前に生協サークルの企画で、新入生が集まるパーティーがあるというので参加してみた。mixiで知り合った友人と駅で待ち合わせをして一緒に歩く。それまでチャットで連絡を取り合っていたものの、初めてお互いの顔を見る瞬間だ。駅から大学までは徒歩20分くらい。お互いに雑談をしながら歩くのだが、ものすごく緊張して、うまく会話が続かない。無言のまま、気まずい感じになってしまう。

正直なところ大学に到着したときに、私は早くも逃げ出したい気持ちになった。人が多すぎる。どうやって輪の中に入ればいいのかがわからない。話しかけてもらえたとしても、その後どうすればいいのかわからない。パーティー会場に着いてテーブルで自己紹介が始まったときは、自分の番が回ってくる緊張で冷や汗が出て体調が悪くなった。

その後、企画側の先輩が声をかけてくれて、趣味の話から折り紙を披露することになり、折り方を教えてほしいと言ってくれた何人かの学生と「折り紙教室」を開いてなんとか乗り切った。しかし結局、友人になれた参加者は1人もいなかった。

入学後、大学の大規模な新入生歓迎イベントは、私のハードルを下げてくれた。基本的にこちらから声をかけなくとも先輩が勧誘のために話しかけてくれるからだ。このチャンスを逃すまいと、新入生歓迎の時期には片っ端からサークルブースへ行き、飲み会へと参加することにした。工学や情報系だけでなく、人と話す修行をするために映画サークルや手芸部などにも参加した。

コミュニケーション力や社交性が身につくサークルはどこだろうと思い、社交性を身につける「社交研究会」なるものはないものかなと思って探してみると、目についたのが**「社交ダンス（競技ダンス）部」**。

チラシに「社交」と書いてあることと、ISEF世界大会では世界の科学者の卵である高校生らがノリノリでダンスをしていたことを思い出し、なるほど、ここならと入部してみた。そして、大学の授業が終わったら自転車で女子大へと行って、100人以上の部員と一緒にダンスの練習をしたのである。

社交ダンス部が主催するGWの合宿にも参加した。練習と宿での酒盛りや、いちご狩りにBBQなど。できる限り積極的に順応しようとしたが、あまりにも異世界すぎて、うまく順応できない……。1人でかなり浮いていて、正直、結構辛かった。

わりと休まずに頑張って、大会にも一度出てみたが、社交性を身につけるのに社交ダンスは「ちょっと違うんじゃないか」と7月くらいにようやく気づいて、辞めることにした。

余談だが、この社交ダンス部は、互いにあだ名をつけて呼び合っていた。「ハンカチ王子」のあだ名で有名だった斎藤佑樹《さいとうゆうき》選手が、ちょうど同時期に早稲田に入学したことから、私は「オリガミ王子」と名づけられた。拒否したところ「折り紙くん」になった。そのうち、それが略されて「オリィ」と呼ばれるようになり、気に入って他の場所でも名乗るようになった。

その他、十以上のサークルに入っては、対人に苦労して辞める体験をした。

勉強を教えてくれる塾はあっても、友達のつくり方を教えてくれる塾はない。こんなことなら師匠の話をもっと真剣に聞いていれば良かったと思った。

「このままではだめだ」何かアイデアがないかと考え、黒い白衣の肩に通気口となる穴をあけることにした。表向きは通気のためだが、本当の目的は初対面の人の多い飲み会やパーティーで、「変わったデザインですね。なぜ穴があいているんですか？」と聞いてもらうことにある。

興味を持ってもらい、聞いてもらえれば、口下手な私も「これ、私がデザインしてるんですよ」と返して、機能を紹介したり、胸ポケットに入ってる名刺を渡して名刺交換ができたりする。名刺には私の顔と折り紙の写真が貼ってあり、「折り紙？」と言ってもらえると、黒い白衣のポケットに常に入ってるい折り紙を出して即興で折り紙を披露。そうすると周囲の人たちからも「すごい！」と言ってもらえて、まとめて多くの人と話す口実をつくれる。オリィの名前も覚えてもらえる。

自分から話しかけられない人見知りなりに考えた、全力で待ち受ける作戦だ。この作戦は大成功で、役者やデザイナーなどをはじめ、長い付き合いになる面白い友人をつくることができた。

とある小さな演劇系サークルでは、入部と同時にわけあって幹事長（早稲田大学ではサークルの部長のことをそう呼ぶ）に任命され、部員を集めて運営を任されたものの人が定着せず、徐々に人が離れていくという苦い経験もあった。これがサークルではなく会社に入社した社会人だったらと思うと恐ろしくなった。

想像を絶する初めての集団生活

対人克服の修行を始めた私だが、東京暮らし1年目に住んでいた学生寮でも人間関係でかなりの苦労をした。

大学まで自転車で行けること、寮費がびっくりするくらい安かったこと、生活力がないので1人暮らしを避けたいことなどが学生寮を選んだ理由なのだが、そこは、なかなかのすごい場所だった。ボロボロのコンクリートの外見は完全に蔦《つた》で覆われ、一部の窓はヒビの隙間から風が入ってくる。各部屋は3畳1間で、冷暖房はついていない。ＬＡＮケーブルはあるものの、屋上から建物の外側をつたって各部屋の窓から入れられているので、おかげで完全に窓が閉まることはない。

ただ、そんな建物よりも凄《すさ》まじかったのは中の住人たちだ。

東大をはじめ、有名大学の学生のみが入寮できると事前の説明では聞いていたので、大学も専門も学年も違う人たちとの暮らしは楽しいだろうと考えていた。ところが、入寮してみると昔からの伝統的なしきたりや決まりごとが多く、様々な独自の文化やルールがあった。

体育会のような体制で、学年別の役割がはっきりしており、先輩は神様として見られていた。運動部の所属経験がある人には当たり前かもしれないが、そういった文化に馴染《なじ》みのなかった私としては新感覚すぎて戸惑った。

入寮しばらくのあいだは、廊下ですれ違った先輩に出会うたび、自己紹介のみならず先輩の名前、出身高校と大学学部名を言わなくてはならないルールがあった。顔と名前を覚えるのが苦手な私は、毎回ものすごく怒られる。また、部屋は鍵をかけてはならないルールだったので、部屋に入ってこられては何時間も説教された。私が覚えないと指導係の2年生が3年生から叱られるからだ。

毎週金曜日の夜は必ずロビーで寮会議が厳かな雰囲気で行われる。2年生以上はソファーで、1年生は丸椅子だ。会議のあと、土曜の朝4時~6時くらいまで飲み会に参加させられる。この会議と飲み会は強制ではないと言われたが、参加しないためには2年生に直接、事前に休む理由を説明してから承認をもらわなくてはならず、翌日に大学があっても午前0時までは参加するべきと言われるので実質断れない。ずる休みをしてみたところ、同じ1年生全員が説教を受けたらしく、寮に戻ると1年生と2年生らが部屋の前で待ち構えていて叱られた。連帯責任というやつだ。

その他にも、一発芸強制の入寮会、伝統だからと駅でナンパを強要される、楽しめるプランを無理やりつくらされる旅行、東大や早稲田大学での文化祭の出店、その際の看板づくり、女子1人は必ず呼ばないといけない寮祭など、年間を通して行事の連続なのである。

さらに寮の哲学を学ぶため、春休みには寮にいなくてはならないという掟《おきて》だった。寮の中には寮を盛り上げることを最優先に考えるあまり、大学を留年する人も何人かいる。環境が人をつくるというか、毎日ずっと1つのコミュニティにだけいるとそこの人たちの考え方がまるで世の中のルールのように思えてきて、理不尽なものも「そんなもんだ」と思ってしまうようになるのだ。

何度もやめようかと思った。しかし、お金もないし、これも社交性の修行だと踏みとどまり、寮にも馴染もうと努力してみたが、さすがに長期の休みに帰省やアルバイトもできないのは困る。さらに体調の悪さを配慮してもらえないことや、春休み期間中に「吉藤が寮にいないぞ」と私の実家まで乗り込んで来たこともあり、「これは無理だな」と判断。返済タイプの奨学金を増やし、1年で寮を出ることにした。

あの1年で根性と図太さ、処世術はだいぶ鍛えられたと思う。

まあ、二度と御免であるが(苦笑)。

大切なことは野外活動が教えてくれた

19歳まで人を避けてきたが、それでもできる限り人前で話せるようにと努力したものの、失敗の連続。半分諦めて楽になってしまいたかったのだが、「**孤独の解消**」が私のテーマである。「**人と人の関係性の中に答えがある**」と考えてしまった以上、苦手だからと言ってはいられない。

大学1〜2年の頃の自分に与えていた課題が「**うまく人と仲良くなれる方法を見つけ、人と関わる楽しさを身につける**」ことであり、キャンパス生活や寮生活などでとにかく修行を図り、わりと恥ずべき黒歴史を量産していたのだが、結局のところ最も良い修行と成長の場となったのは、当時、父が中学校から転勤して働いていた奈良県の野外活動センターでの補助員の仕事だった。

実は、そのキャンプ補助員をすることは、大学に進学が決まったときにやりたいことの1つだった。昔から父親によく連れられて通っていた奈良県立野外活動センター、そこでは大学生がスタッフとなって、山の案内やキャンプ場の使い方の説明と、キャンプファイヤーなどの指導をしていた。不登校の頃も何度か父が連れてきてくれて、山にいると不思議とリラックスできていた。アウトドアが好きな私は、できることならやってみたいと思っていたのである。

そのキャンプ場は奈良市都祁吐山《つげはやま》町にある。東京の大学に通いながら働くのは大変だったが、幸い私にはどこでも快適に熟睡できる特技があるので、夜行バスの通勤に向いていた。寝てしまいさえすれば、新宿からたった片道7時間のバス出勤だ。連休があれば夜行バスで奈良に帰って働いた。東京に住んでいると、つい忘れてしまう山や自然の匂いを感じ、深呼吸するだけでも日々の疲れが消える気がした。

奈良県立野外活動センターは県立のキャンプ場だが、広さは山まるまる1つ分もあり、全ルートを歩くだけでも2時間くらいはかかる。少し離れた第2センターも合わせると、全貌を完全に把握できるスタッフが何人いるかわからないくらいの広さがあった。このセンター内を走り回り、丸太やテントを運んだり、ログハウスの掃除をしたりするかなりの体力仕事だったが、不思議なことにキャンプ場にいるあいだは気力がみなぎっていたおかげか、ほとんど体調を崩すことはなかった。

大学1年生から4年生まで、約10~20人くらいの学生補助員が入れ替わりで働いていて、キャンプ場の掃除や設備の修理から、キャンパーへの施設の使い方の説明、アスレチックコースや自然観察コースの案内まで、希望すればなんでもさせてもらえた。

まずは挨拶が一番大切なんや！

補助員になった初日、経験4年目の先輩K氏から、

「このキャンプ補助員のモットーは3かけ……〝**メモかけ、汗かけ、恥かけ**〟や。必ずメモをとって、そのあとは実際に汗をたらして、どんどんやって恥かいて練習してな！」

と言われた。実際、このキャンプ場での仕事はその3つの連続である。

「今から、俺がキャンパーさんが来たときにやるOR（オリエンテーション）をここでやってみせるから、見ててな」

先輩はそう言うなり説明用のセットを取り出し、10分間でキャンプ場の説明を始めた。これがまた見事なもので、面白く、飽きさせず、内容も頭に入ってくる。それでいて、ほぼ10分間ピッタリで終了した説明に、これはすごいと感動すら覚えた。もちろんメモを見ているわけではなく、アドリブと思える箇所が何度もあった。説

明の巧みさに感心していると、

「はい、メモとったやんな？　次やってみて」

と突然、言われた。

「え、急には無理ですよ！」

「ええから、ええから。メモを見てええし、恥ずかしがってたらなんもできへん。失敗してもええからまずはやってみ、ほいスタート！」

メモはとっていたが全然十分ではなかった。それでもメモを見つつ、先輩Ｋ氏の説明を思い出しながら必死で真似をした。他の補助員の先輩たちも見守っていてくれているが、その雰囲気がなおさら緊張感を誘う。結局、15分間以上もかかってしまった。


「おつかれさま、なかなか上手やったで。やってみてどうやった？」

「とても緊張しました。でも必要なことは伝えられたと思います」

「伝えられたと思うって、どの辺が？」

「本館の使い方やレンタルのシーツの畳み方とか……」

「うん。なるほど。ひとつ、はじめの挨拶を省略したのはなんで？」

「はい。今回は重要な施設の説明だけに集中したため、余裕がありませんでした」

「実はな、今の説明、全然内容が伝わってこんかったんや。なんでかわかるか？」

「……わかりません」

他の補助員もうんうんとうなずく。私は疑問に思う。

「それは、挨拶がなかったからや」

「え、挨拶ですか？」

「まずは挨拶！　全力でや！　ＯＲで一番重要なんはそれや。内容も大事やけど、まずは聞いてもらうことや。自己紹介をして、自分のことを覚えてもらうねん。で、この人おもろいやんけ、この人の話やったら聞かな損やわ！って、お客さんに思ってもらわんと何を言っても伝わらへんねん」

高校時代、久保田師匠も同じことを言っていた。

ＪＳＥＣのプレゼン練習でも、挨拶の練習を何度も何度もやらされた。

「今の君の話、たしかに内容はしっかり言えてるんやけど、たぶん子どもらは途中で寝るし、集中力も切れて、みんな地面の石で遊び始めるで。きっとシーツとか毛布もちゃんと言った通りに畳んでもらえへんし、話を聞いてくれてへんから、キャンパーは草むらに入って虫に刺されたり、危険な目に遭ったりするんや。それは聞いてなかった客が悪いんやない。ちゃんと話を聞く気にさせへんかった君のせいやで」

学校の講義も同じだと思った。面白い先生の話は、どんな内容でも頭に入ってきてテストでも思い出せるが、ただひたすら黒板を書くだけの先生の話はまったく頭に入ってこない。眠くなってしまい、結局はあとで自習したほうが早かった。

その点でも、野外活動センターのベテラン職員や先輩補助員たちの説明は見事だった。いきなり説明が始まるわけではなく、まずは挨拶から始める。ここで〝ツカむ〟ことができなければ、聞く側も集中せず、聞いてはいても頭に残らない。ここにはキャンプ場内だけの特別な挨拶などがあり、それをあえて入れながら説明することで、緊張をほぐすアイスブレーキングの役割になっている。聞いてくれ！と主張しなくても心にすっと入ってくる説明とはこういうことかと感心した。

キャンプ場には小学生も来るし、家族連れも来る。ボーイスカウトやスポーツ少年団も来る。２人のときもあれば２００人のときもある。いろいろな場面に合わせて、話し方や説明の仕方を変えるのは当たり前だ。説明中もスキあらば笑いを取りに行ってみる。結果的に、やんちゃな子どもたちも説明を真剣に聞くことになる。寝ている人は誰もいないし、説明通りにキャンプ場を綺麗《きれい》に使ってくれるのである。

キャンパーは１日に何組も来るが、補助員が常に何人もいるとは限らない。人手不足のときは１人で何組ものキャンパーにＯＲすることになるし、指導してくれる先輩もいないので、説明逃しのないように自分でチェックする。反省も自分でやらなくてはならない。

ＯＲだけでも考えなくてはならないことはたくさんある。たとえば次頁のような感じで。

◎いくら面白くても、説明が長くなると子どもの集中力がもたないし、疲れてくるので、大事な説明は、どんなに長くても15分間が限界。

◎学校の先生が良かれと思って「兄ちゃんの話、聞けや！」と叫び、せっかく温めた空気が消えることがあるので、事前にそうならないような打ち合わせが必要。

◎炎天下では帽子が必須。かつ体調不良になる子どもがいないか目を配り、あまりにも暑い日は日陰の場所が使えるか確認する。

◎はじめからずっとハイテンションだと単調になってしまうし、聞いている側も疲れてきて集中力がもたない。聞きやすい説明は緩急をつけてこそ。

◎料理ＯＲではナタや火を使うので特に注意しないといけないが、説明がどうしても長くなるので集中力が落ちがち。先に先生やグループリーダーに聞いてもらう時間を設ける。

どれだけ気をつけても、蜂に刺された、山漆を触ってしまった、ナタで手を切った、アスレチックで足を滑らせた、薪《まき》を縛る針金に足をひっかけて転んだ、火傷《やけど》した、骨折して病院に行くことになった、日射病にやられた、シーツを使わず寝てカブれたなど、自然は常に危険と隣り合わせである。そのたび、どうやったら予防できたか、説明が足りていなかったか、皆で話し合い、反省会をしながらＯＲの精度を高めていった。

キャンプファイヤーで人の心をつかむ

奈良県立野外活動センターのキャンプ補助員仕事の真骨頂と言えるのが、シーズンは毎晩のように行われるキャンプファイヤーだ。

キャンプファイヤーと聞いて、どんなことを想像するだろうか。薪で櫓《やぐら》を組み、立ち上る炎の周りを皆で囲みながら、マイムマイムやオクラホマミキサーを踊る印象があるかもしれない。実はそれはキャンプファイヤーのごく一面に過ぎない。

キャンプファイヤーはとても奥が深く、ベテランのキャンプファイヤーについては、一種の芸術とも言えるほどなのだ。

今、私がコボットコミュニケーターとして活動している根幹の部分には、間違いなくキャンプファイヤーで学んだ経験が大きく生きている。今、年間50回ほど講演依頼を受けて全国を回っている。ありがたいことに大好評をいただき依頼も増えているが、私の講演の伝え方や構成は、キャンプファイヤー式なのである。

奈良県立野外活動センターのキャンプファイヤーは、ボーイスカウトなどのアウトドア関連団体などからレベルが高いと言われていた。精神的に大人になってきて、みんなで踊ることなどやりたがらない中学生、茶髪に染めた少年少女も、はじめはしぶしぶ適当に参加しているものの、いつのまにか全力で大声を出しながら踊りだし、最後はギターに合わせてキャンプソングを歌って涙を流す。本当のキャンプファイヤーにはそんな力があるのだ。

特に、私の父のキャンプファイヤーは別格と称されるほど有名だった。本業は中学校の教師なのだが、ボーイスカウトの隊長も長く務めており、他校の林間学校などにも呼ばれていた。父のキャンプファイヤーを見て、憧れて補助員になったというスタッフも少なくなかった。小さい頃からそんなことをしているとは聞いていたが、実際に一緒に仕事をすることで初めてそのすごさを知ることができ、手本としてよくまねて、学ばせていただいた。

このセンターでのキャンプファイヤーの流れは、次のようなものだ。

はじめにORをして歌の練習をする。そして参加者をトイレに行かせたあと、キャンプファイヤー場へと静かに移動。皆で儀式をしてから点火する。そのあとはアイスブレーキングをして場を温め、参加者が考えてきた出し物やゲームを進行する。出し物が終わり、炎が小さくなってきたら、今度は皆で歌を歌ったりしながら、炎の音と夜空を楽しむ。

キャンパーの要望やその場によってやり方は変わってくるが、だいたいこのような感じで、シーズン中は毎晩行われている。真っ暗の中で行われるこの2~3時間は特に注意しなくてはならないことがたくさんあり、毎回補助員でミーティングし、気を引き締めて取り組んだ。

このキャンプファイヤーの進行を務めるのが「**エールマスター**」と呼ばれる役割で、いわば指揮者のようなものだ。エールマスターによって場の空気感は大きく変わる。補助員内では、先輩エールマスターから認定を受けた人しかできない責任ある役割だ。初めてエールマスターをやりきった人は、皆で表彰する習慣があった。

普段、天然な大人しい女性の補助員が、キャンプファイヤーでは頼もしくて格好いいリーダーに見えたものだ。

エールマスターが進行に集中できるよう、他のスタッフも役割を分担し、盛り上げつつも、炎の管理や子どもたちの様子を気にかけた。

そうやってキャンプファイヤーが大成功したときの空気感、その場の全員が1つになる一体感は最高だ。「これまでで一番いいキャンプだった」とキャンパーから声をかけてもらえることが、補助員全員にとって一番の喜びだった。

私はキャンプ仕事を通してチームワークやリーダーシップを学ぶことができた。

キャンプ場での仕事風景とキャンプファイヤー。

21歳にして情熱や友情を理解する

キャンプファイヤーの練習も基本〝**無茶ぶり**〟の連続である。本番中に突然、参加者全員の前で、エールマスターの先輩に大声で呼び出されることが多々あった。子どもたちも調子にのって声を合わせる。皆から大声で呼ばれて出て行かないわけにはいかない。

こういうことが普通にあるので、こっちも、いつ呼ばれてもいいように、常にネタの1つや2つは準備するようになった。

「はじめから激しい動きをさせすぎや。キャンパーさんがいきなりのノリについてこれてへん。大事なんはキャンパーさんの気持ちに合わせつつ、それをリードすることや」

先輩が教えてくれた。

キャンプファイヤーには〝**流れ**〟がある。はじめは小さな火が、どんどん櫓全体に燃え広がって大きくなり、最後は炭になってまた小さくなるという流れだ。

そして、それに合わせて参加者の盛り上がりやテンションをリードしていく。はじめは簡単な歌を歌ったりして緊張をほぐすレクリエーション、炎が大きくなったら全員で全身を動かして踊るようなゲームや出し物、また暗くなったら静かにしんみりとした雰囲気のコミュニケーションへとリードをする。

全員の顔がはっきり見えるくらい炎が大きいときに静かな歌を歌うのは〝**違和感**〟になってしまうし、逆に炎が消えかけていて星空が綺麗に出ている中で大声を出すと、これも〝**違和感**〟になる。

あくまで自然に、キャンパーさんと全体の空気感をうまく合わせながら、リードしていく。リードできるように流れを把握することを〝**空気を読む**〟と言い、うまくリードできた瞬間を、〝**心が合わさる**〟と言う。

冷静に考えたら大声で叫んだり踊ったりし、地面に寝転んだりするという普通はやらない、やりたくないことに、なぜ人がついてきてくれるのか。この、人を動かす原動力を私たちは〝**情熱**〟と呼んだ。

話し方、キャンプソングの歌い方、ギターの弾き方、そして点火の方法も人によって様々なパターンがある。常に意識していたのはサプライズだ。良い意味での驚き。「こんなもんか」と思わせておいて、そのもう一歩先を意識して演出する。薪の組み方、点火の仕方、さらにトーチ（松明《たいまつ》）を使ってジャグリングをするトーチ回し（ファイヤーダンス）や、自作のロウソクトーチを道にずらっと並べて補助員に火をつけさせておき、帰り道も懐中電灯をつけることなく、余韻に浸れるサプライズ演出。特に父はこういうことを考えるのが大好きだったようだ。こんなアイデアを考えた、こんな演出を仕掛けてやったと、車の中でよく話していた。

「やるからには、ここまでやるかと言わせなあかん」

久保田師匠の口癖をここでも思い出した。

普段から補助員が、ＯＲやキャンプファイヤー、歌の練習をするのは当たり前のことだった。経験を積むため、シフトが入っていない日にも山に通ってきてレクリエーションゲームを覚えたり、先輩や職員の接客を見て技術を盗んだりしていた。

補助員だけのトレーニングキャンプも自主的に企画し、キャンプ場を使わせてもらってスキルを学んだ。皆でトーチ回しの練習をしているうちに、「**火舞団**」というファイヤーダンス集団をつくって公演したり、営業に出かけたりもした。

キャンプファイヤーの仕事のあと、皆で反省会をしながら麦茶を飲んで歌を歌って語り合うのが、単純に、かつ最高に楽しかった。それまで、私は1人で何かしているほうが楽しい、自分の世界にこもるほうが好きな性格だったが、21歳にして人と一緒に何かをすることの感情と、情熱や友情の概念をついに理解できたのだった。

なぜ「擬生命化現象」は起きるのか？

キャンプ場で働いていて面白かったことが、置かれていたチェーンソーアートやアスレチックが、動物の形を模しているのが多かったことだ。オブジェや椅子など、機能だけを考えれば動物の形をしている必要はないのだが、一手間かけられている。

ロボットも同じで、なぜか人型のデザインのものが多い。一般的にロボットと聞いて連想されるイメージは、なぜ無機質な箱ではなく、人や生き物の形をしているのだろう。私の答えだが、それは使う人に愛着やキャラクター性を〝**感じて**〟もらうためだろう。ロボットが、ただのコンピュータの箱になってしまうと、人工知能の「知能」部分は受け取れるかもしれないが、人間性やキャラクター性を感じることができなくなってしまうと私は思う。

今、店で買ってきたばかりのペンがあるとして、我々はこれを「これ、この〜」と表現する。しかし、生活の長い時間を共に過ごしてきた相棒の自転車や車のことになると、人はまるで友達のように「**こいつは〜**」と言ってしまう。

なぜ、このような現象が起こるのか。

私は高専時代、人工知能を研究するうえで役立つだろうと、人間の心理についていくつかの自由研究を行った。「**これ**」と呼んでいた無機物が、いつのまにか自分の中で「**こいつ**」に変わる瞬間がある。その現象を勝手に擬人化ならぬ「**擬生命化**

現象」と名づけ、なぜそれが起こるのかを考えていた。

最もイメージしやすいものは、よく小さな女の子が持っているぬいぐるみだ。「**この子**」と呼ばれていて、女の子の父親までもが「**こいつ**」と呼んだりする。ぬいぐるみに対して「**これ**」と呼ぶ人のほうが少ないだろう。マネキンもそうだ。生き物の形をしているものを、我々は自然に「**これ**」扱いにはしないし、ゴミ箱に捨てられているのを見ると悲しい気持ちが湧いたりする。

車や自転車、スケボーなどの乗り物についても「**こいつ**」と呼ばれることが多い。他人の車は「あの車、この車」と呼ぶが、自分の車はまるで相棒である。

「こいつは長年の相棒だから交換したくないんだよなあ」

そのようなセリフを聞くことも多いと思う。乗り物に限らず、職人の道具、若者にとってのスマホなど、身体《からだ》の一部のように使っている愛用品は、使用している本人にとって生命化しやすい傾向があるようだ。うちの祖父も昔、テレビを叩《たた》きながら「**こいつ、最近調子悪いな**」などと言ったりしたものだ。

話を戻すが、こういった自由研究をしていたものだから、ロボットをつくるうえで動きやデザインの重要性も感じていた。どんなにテクノロジーが最先端で優れていても「違和感」を感じさせてはならない。重要なことは人が〝**どう感じるか**〟である。

ロボットをつくるうえで重要なことは、大学で制御工学を学ぶことではなく、どのような制御をし、それを見た人に〝**どんな想像をさせるか**〟が本質だ。

だったら、いきなり他人の身体であるロボットより、まず自分の身体を使ってそれを勉強したほうがよいのではないか？　自分の身体がどんなふうに動くのか、その動きによって周りの人はどんな印象を受けるのか、わざわざロボットをつくって動かすまでもなく、身をもってテストやフィードバックを得ることができる。

何もない場所に、あたかも何かあるように感じさせる技術は何かと考えた結果、私はパントマイムサークルに所属して、身体表現を学ぶことにした。

ロボットを学ぶためにパントマイムを始める

コミュニケーション能力のない私が、「人と人をつなぐ」コミュニケーション支援機器をつくることはできないだろうと考えて、人と話す訓練をした。それと同じように、ロボット制御を考えるなら、まずその前に自分の身体を自由に制御する訓練をしてみようと考えたわけである。

大学に入るまで身体を動かす機会があまりなかった私にとって、身体の一部に意識を集中させることや、身体の重心、丹田の概念を意識するというのは、それだけで新鮮な感覚だった。

壁のパントマイムで、なぜ壁が見えるのかを理解できたし、自分の肩甲骨が今どの位置にあってどんな形状をしているかも理解できるようになった。

肩や腕のわずかな変化で、自信のあるキャラクターが急に弱弱しくなったように**〝見える〟**こと、舞台の上で細かな動きにこだわるよりも不要な動きで余計な**〝違**

和感〟を与えてしまうことに気をつけなくてはならないなど、学ぶことはとても多くあった。これまで使ったことがなかった、使うことのなかった筋肉の動かし方が、生まれつき当たり前に使っていたかのように自然とできるようになっていった。

身体を動かすことが面白くなっていったので、アパートの自室に等身大の人骨模型を購入しては、バルーンアート用の長い風船を括《くく》りつけ、三角筋や僧帽筋などを再現したりしながら身体のつくりを勉強した。

また、人形浄瑠璃なども参考にさせてもらった。

知り合いのツテをたどり、楽屋で直接、人形を触らせていただいた。ワイヤーを引くことで開閉する手などは、そのままロボット義手そのものだ。そのうえ激しい公演に耐えられるような使いやすさや壊れにくさにも工夫が見られる。しかも、どんなロボットよりも生物感があった。世の中のロボット研究者を目指す人は、ぜひとも観《み》に行くべきではないだろうか。

入りたい研究室がないので自分でつくる

大学2年生も終わりに差し掛かった頃、私は少し困っていた。そろそろ研究室に所属しなくてはならないのだ。

大学に入学直後、ガイダンスで会った教授らに挨拶してまわり、興味のある研究室は一通り見学させてもらった。大学の先生も、入学してすぐに研究室見学をするなんて大したものだと快く承諾してくださった。おかげで工作設備を使わせてもらったり、先輩たちの研究を見学させてもらったりと何度も通わせていただいたのだが、残念ながら「ここに入りたい」と強く思える研究室はなかった。

高校時代に車椅子の研究をしていたとき、車椅子の開発自体や新しい機構のアイデアなど、とてもわくわくして取り組んだが、結局あの車椅子を実用化することができなかった。あの車椅子は「快適かつ安全に走行できる電動車椅子の研究」のためにつくったものであって、実際にユーザーがほしいと思えるものを目指したものではなく、かつ役に立つかどうかの検証も繰り返したわけではなかった。

使ってみてもらったときも、乗り心地が悪いとか水平制御がガタガタして怖いとか、厳しい言葉をもらったときに「いや、これはまだ研究ですから」と言い訳をし、「こんなのをつくってくれてありがとう！　で、いつ販売するの？」と言われたときも、「これは研究なので実用化は未定です」と答えるしかなく、結局、研究で終わってしまったことがとても辛かった。

私が大学でやれると思っていたことは、高校時代にできなかった実用化のための研究であって、課題に対して無数のアイデアをつくり、実際に困っている人のところへ出向いて意見交換をしながら、共につくり上げていくことだった。

それは研究者視点でものをつくるのではなく、必要とする人の視点で開発をすることだが、どの研究室も、研究のため、論文のために研究をしているように見えた。もちろん、それはけっして悪いことではなく、単純に、私のやりたいことではなかったというだけだ。

私は、どの研究室にも所属しないことに決めた。とはいえ親から研究室にだけはちゃんと入れと言われていたこともあり、便宜上、入ったことにするためにも自分の住んでいたアパートの1室を**「オリィ研究室」**と名づけた。自分がつくった「研究室」に所属することにしたのである。「ちゃんと研究室行ってんの？」と言われたら「もちろんさ」と言えるのだ（笑）。

のちにインキュベーションセンターに「オリィ研究室」の看板がつくようになった。これで「学校の中に研究室がある」と言えるようになった。「株式会社オリィ研究所」の前身へと発展してゆくのである。

人生3度目のドロップアウト

突然だが、私は湯シャン派である。

湯シャンとは、風呂で頭を洗うときにシャンプーやリンスを使わず、湯だけで洗い流すことをいう。で、これを聞いた人はだいたい「ええーっ？　汚い！　不潔！やめて！」と言う。だが、なぜシャンプーやリンスなるものが必要なのか逆に問いたい。そもそもほんの少し昔の人たちはそんなものは使っていなかったのである。

　それを使うことによって頭が良くなるとか、ハゲにくくなるとかの効能があるならともかく、使わないのが汚いとは何事か。そんなことを思いながら、高校の頃に実験的に使うのをやめてみたところ、特に言われるような不都合を感じなかった。それ以降、面倒だし、出費がかかるだけなので、基本的にずっとシャンプーとリンスは使っていない（社交ダンスとかで髪を固めたりしたあとに洗い流すときなどには使うこともあるが）。

　当時、それを周囲に言うことは「告白」であり「暴露」だった。口を揃《そろ》えて信じられないと言われたので内緒にしていた。しかし、時代は変わるもので、今や「湯シャン」なる用語もつくられ、ＴＶに出ている有名人がシャンプーを使っていないと言い始めるや、急に市民権を得始めた。世間というのは瞬時に手のひらを返す、実にテキトーで無責任なものなのだ。

昔からどうも、なぜ学校に行かなくてはならないのか、なぜ人と仲良くしないといけないのか、なぜ制服を着ないといけないのかなど、人から「当たり前だろう」と言われることを不思議に思ってしまう性格で、それを言うたびによく怒られた。しかし、ほとんどの場合、明確な答えはくれない。「バカじゃないのか」「そういうもんだ」と言われ続ける。

シャンプーを一例にしたが、そういうことは今でもある。高専時代につくった黒い白衣もそうだ。周囲から「ありえん」と笑われ、呆《あき》れられる。しかし、大きな迷惑をかけない限り、いいと思ったことをやればいい。重要なのは人に勧められたことをそのままやるのではなく自分で考え、自分の責任で選択することだ。

他人というのは責任をとってくれそうなことを言いながら、結局は責任などとってくれない。不登校中、人生の早い段階でそのことがわかったのは幸いだった。

さて大学3年生だった当時、とても不思議に思っていたことがある。まわりの皆が当たり前のように、「大学は卒業しなくてはならない」と考えていたことだ。今でもそう言うと、「当たり前だろう」とか「何を言っているんだ、こいつは」と言われてしまいそうだ。

しかし、そもそも私は小、中学校ともにあまり行っていない。高校はものづくりを学ぶために通っていて、高専は1年足らずで中退した。大学だけ4年間で卒業するほうがおかしい気がする。

大学に限らず、学校というものは**「学びたいことを学ぶために行けばいい」**というのが私の考えだ。自分にとって必要と思う知識を効率よく学ぶために通えばいいし、自分にとって卒業の資格が必要と思うなら取ればいいと考えている。

出席回数が成績に反映されるシステムも私には合わなかった。大学1年生の頃はわりと体調を崩しがちで、半月に1度くらいのペースで体調不良で家から出られず休んでいると、大学から「同じ講義を4回休んだので単位が認定されません」と通知が来るのだ。何度かTV電話ソフトで出席扱いにしてほしいと交渉したが許されなかった。

自分の研究室をつくった頃から、大学も必修科目よりも他の学科の面白そうな講義を潜って受けるようになった。それまで興味のある科目があっても必修科目と被《かぶ》れば我慢して必修の講義を受け、出席点を稼いでいたが「もったいない」と思っていた。自分の性格的に、人に言われて勉強させられてテストを受けさせられるよりも、自分の関心のある講義を受けるほうが、遥かに何倍も身につくからだ。

映画や美術、建築や商業など、様々な面白い講義を最前列で受けた。また、興味があるので毎回講義のあと質問に行っていると、学部とは関係ない教員と仲良くなった。

気に入ってもらえて、他学部のゼミの実習にゲストとして誘われたり、産学連携研究会の最年少メンバーとして混ぜてもらえたり、軽井沢にあるお洒落《しゃれ》な別荘のバカンスに連れて行ってもらったり、講師の代わりに90分の講義をさせてもらえる機会に恵まれたり、大学発ロボットとして国際ロボット展に出展させてもらえたりなど、普通の学生生活では得られなかったであろう大きなチャンスにつながっていった。

「学校は学びたいことを学ぶため、行きたいときに行けばいい」と言ったが、では「学校には行ったほうがいいのか？」という問いに対しては、私は「行けるなら行ったほうがいい」と答える。それは優秀な友人や専門の先生らとの貴重な出会いと時間をつくれる場であるからだ。それだけで十分、行く価値はある。

「高い学費を払って卒業もせずに、もったいない」と言う人がいるが、とんでもない。早稲田大学からは本当に多くの出会いと機会をいただいたと思っているし、JSEC入試制度をつくってくださった橋本周司教授には心から感謝している。

第5章

誰でも使える「もうひとつの身体」

自分がほしかったものをつくれ！

賞金は使えばなくなるし、
栄光は時間と共に消えるが、
良い出会いはその後ずっと
人生を豊かにしてくれる。

たった1人のロボット開発

大学3年生になった春、私のロボット製作は始まった。

コンセプトは**「心の車椅子」**。車椅子を使っても、距離が遠かったり病気などで身体《からだ》を運ぶことができなかったりする人が、本当にそこに行っているような感覚を味わえるようにするにはどうすればいいのか。3年半の不登校時代に自分がほしかったものは何かを考え、もうひとつの身体、**「分身」**をつくることを考えた。

本当は見た目も性能もそっくりの、もう1人の人間をつくりたかったのだが、今のテクノロジーではそれは不可能だ。しかし、ロボットとインターネットならそれができるかもしれない。当時、世の中でロボットというとAIの自律型ロボットが先にイメージされてしまうので、私はそれを区別して**「分身ロボット」**と名づけることにして開発をスタートさせた。

大学非公認ラボ**「オリィ研究室」**、といってもメンバーは私1人だ。

当時住んでいた板橋区のアパートが工房、私もヒューマノイドロボットはそれまでつくったことがなかったのですべて手探りだ。ネットで情報を調べ、スケッチブックに完成イメージをスケッチし、まずは必要な部品を買い揃《そろ》えた。

私の分身なのでイメージカラーは黒、しかし男女どちらにもとれるようなデザインにし、誰の分身であっても違和感のないよう、女性っぽく歩いたり、男性っぽく振る舞ったりなど、モーションの幅を出せる設計を目指した（結果的に胸部にバッテリーを入れたことで女性よりのフォルムになったが）。

ロボットに限らず、何かつくりたいものがあって、そのつくり方がわからないとき、まずは市販のものを購入してきてそれを観察することから始める。この場合、近藤科学社の二足歩行ロボットを選んだ。選んだ理由は改造が容易でボードの汎用性が高そうだったからだ。

まずは取説通りに組み立てた。4時間くらいで組みあがり、入力したプログラム通りに動き出したことを確認、部品の特性を理解したら一度ばらばらにして、外装をすべてオリジナルにつくり変えていく。ボール盤やバンドソーを買い揃え、アルミの板を加工してフレームをつくっていった。

サーボモータ1つの金額が6000円とは、学生にとって大金だ。ましてやロボットの下半身には全身の荷重が加わるので、6000円のモータでは力不足になり、追加で2000円のサーボモータが必要になる箇所もある。それらを合計24個使うのだから、はじめはモータをいかに取り外し可能にするかを考えた。

しかしデザインを優先すると、埋め込んでしまったほうがつくりやすい。資金のない学生にはこういったロボットをつくるとき、サーボモータを使い捨てと考えられるかどうかが、まずは大きなハードルになるだろう。

余談だが、サーボモータといえば、大学の大型ゴミ捨て場は私にとって宝の山だった。研究室の引っ越しや大掃除があるとき、ホビーロボットが捨てられることがあるからだ。そこで運よく、普通に購入すると12万円相当の大量のサーボモータを入手し、二足歩行ロボットの実験をすることができた。パントマイムをしながら考えていた、踵《かかと》とつま先を使って人間らしく歩ける機構だ。

ホビーロボットは人間のように歩くことは難しく、昔のASIMOのように膝を曲げて歩く「静歩行」が一般的だった。人や動物は器用なことに進みたい方向に重心をずらし、その先に足を運ぶ「動歩行」を行っている。いわば倒れながら倒れないように足を前に出す動きを繰り返している。

近年のロボットでは、これができることが当たり前のようになっているが、当時は非常に複雑な制御が必要となって難しかった。いまだに小さなホビーロボットでは「静歩行」が主流なのである。これはロボットの重心が必ずどちらかの足の上にあり、非常に安定する歩き方だ。

たとえば武術や球技をするときの構えは、腰を落とす＝膝を曲げる構えを行う。そのほうが安定するからである。ただ、常に膝を曲げながら歩くのは人として違和感があるので、これを解決する方法としてつま先と踵をうまく使い、膝を曲げず「動歩行」っぽく見える「静歩行」の機構を開発したというわけなのだ。

その他にもソニーの犬型ロボットや、イフボットなどもよく捨てられていて、それを持って帰ってバラしては中身を研究した。設計をする際、このときにバラして中身を観察できたことがとても役に立った。

2009年に描いたOriHimeのスケッチ。

ロボットのつくり方は本書の第1章にも書いたように、バルサ材を削り、溶けたプラ板を押し当てて型を取り、厚みをつけてシリコンで型を取ってレジンキャストで複製するという方法で造形している。

このとき最も学びたかったことが、こういった造形の手法だが、大学では教えてもらえないし得意そうな人も見当たらなかったので、ネットにある方法を片っ端から試したり、SNSで近くに住むフィギュア原型職人に連絡を取り、会って指導を受けたりして身につけた。そういった人がいるかいないかで全然違う。

ネットで連絡した人が親切に会ってくれるのも学生の特権だ。そうしているとすぐに、0・5ミリのズレが全体に大きな影響を与えることに気づき、手加工での作業を諦めて切削加工機を導入することになった。コンピュータでCADを書き、その通りに素材を削ってくれる装置だ。おかげでアルバイトで貯《た》めたお金は一気になくなったが、これによって工作精度が大幅に向上した。

ひとつ問題だったのは、こうして知識や技術が身についてくると、つい1か月前につくった他のパーツをつくり直したくなってきたり、しまいには全設計を直したくなったりするのが多くなることだ。おかげで何度もつくり直すことになり、一向に完成しない。これは今でもよくあるが、こんなときに重要なのは**「とにかく完成させる」**ということと、自分の知識や技術が成長してしまう時間を待たず**「短期間で一気に仕上げてしまう」**ことだ。

本当は半年でつくる予定だったが、結局完成したのは、私と同期だった学生らが卒業の年を迎える4年目（2010年）の夏だった。完成した時期と、私自身の愛称「オリィ」と、「離れた会いたい人に会えるように」というコンセプトから、完成したロボットを「ＯｒｉＨｉｍｅ」と名づけた。

1年強ほど、サークル活動や趣味も控えめに、ずっとロボットを開発するだけの時期となったが、何をつくっているのかは周囲に内緒にしていた。大学の先生や両親らには「一体何をやっているのか？」と心配されたし、私自身、これが本当に役立つのか不安にならなかったわけではなかったが、やめてしまおうと思ったことは一度もなかった。

誰でも簡単に使える「分身ロボット」ができれば、私と同じような経験をする次の世代が少しでも減ることにつながるし、孤独で生きることが辛くなる状態を解消できるイメージが見えていたからだ。このときの状態としては孤独に見えるが、ビジョンと目標がある限り、人は1人でも頑張れるのである。

安くて広いアトリエのつくり方

6畳のアパートが「オリィ研究室」だったが、設備や部品が増えるにしたがって手狭になってきた。もともと、寝食スペースと工作スペースが同じ場所なのだ。毎日の掃除も時間がかかるし、木材をバルコニーで削ったり、塗装をしたりするのも限界だった。体調が悪くなったときは部屋に帰れないときもあった。

いよいよ粉塵《ふんじん》を気にしなくてもすむ広い作業場が必要になってきた。しかし、もともと都心からだいぶ離れ、駅からも遠い格安のアパート生活をしていて、節約生活も大変だった。これ以上、家賃をあげるわけにはいかない。

そんなとき、学友が「シェアハウスしたいな」と言っていたことをきっかけに、広い一軒家をクリエイターらでシェア、ガレージや共有スペースにアトリエをつくることを思いついた。

大学1年生の頃の共同生活は苦い思い出だったが、それから対人関係もだいぶ克服できたし、私が集めた仲間となら困難ではないだろう。さっそくネットや不動産紹介の先輩を頼りに候補を探したところ、1件、都心にそこそこアクセスも良くて、かなり広く（5人くらい住める）、見た目もなかなかお洒落《しやれ》でガレージのある閑静なデザイナーズハウスを見つけた。大家さんが自身でデザインされた家だが、家族で住むには少し住みにくいので借り手がいなかったという。

ログハウス風な雰囲気もとても気に入り、見学後は即契約をした。私が契約し、他のクリエイターの友人らを住まわせることで、家賃の支出は前の家賃よりさらに安くなった。ホームセンターがすぐ近くにあるのも都合が良く、ガレージを改造して工房にし、念願のシリコン型をつくる大きな装置も設置して、ロボットの量産が可能になったりした。

しかしまぁ、ロボットづくりは金を使う。貧乏な学生ならなおさらどう工面するかが問題だ。そんなとき、月にいくらお金があれば幸せになれるかを試算しておくことは、とても役に立つ。いくらあれば生きていけて、いくらあれば満足いくかを計算すると、当時の私の場合は9万円あれば問題なく生きていけて、13万円もあれば十分な贅沢《ぜいたく》ができることがわかった。あとは全額、製作費に投資できる。

今でもそうだが、東京で暮らして約10年。一度も家賃5万円以上を払ったことがない。残ったお金は新しい経験や面白いことに投資している。

あとは、自分にとって何がストレスで、何が幸福かを考えておくことも大切である。私の場合、モヤシをかじったり、水を飲んで空腹を満たしたり、マルチビタミンと卵で栄養を摂《と》る生活は、特に苦もなくできた（もちろん健康にも気を使っていたが）。好物の得意料理はゆで卵で、たまに食べるマクドナルドのハンバーガーが贅沢品だ。

わりと好きなものを我慢せず買える今となっても、毎日おいしいものを食べている場合と、人と一緒に外食するときにでも、たまにおいしいものを食べる場合では、前者より後者のほうが、コストをかけずによりおいしく感じられる分、豊かなのではないかと感じている。

起業という選択肢

OriHimeをつくったあとは、とにかくユーザーに使ってもらい、感想をもらうことを目指した。操作は誰のPCからでも行えるようにした。OriHimeの頭部に内蔵したカメラの映像を送り、双方向の音声のやりとりができ、モーションボタンを押すことで立ち上がったり歩いたりして動かすことができる。

しかし、全部で24の関節のあるOriHimeは、様々なポーズができることから初対面でのウケは良いのだが、スペースを取る、移動が大変、取れるポーズが多すぎて悩む、故障しやすい、そもそも動かすのが難しいなどと問題も多く、私がいないと使えない、実用的とはまったく言えない代物になってしまった。

そこで、誰でも簡単に使える簡易タイプの開発を行った。それが「ＯｒｉＨｉｍｅｍｉｎｉ」である。思い切って首の関節2つだけにした。それまでは人をモチーフにしていたが、ｍｉｎｉタイプでは鳥や猫など小動物をモチーフにし、小動物特有の視線を向けられていると感じるニュアンスを目指した。


一番の課題となったのは、やはり使ってもらう人を探すことだ。入院している人がこの分身ロボットを操作することで、ＴＶ電話とは違った家族との時間を過ごせる自信はあったが、それはまだ確信ではなかった。

できれば、入院している人に実際に使ってもらって役に立つか検証したかったが、病院にも患者にも当てはなかった。仕方ないので大学のサークルの友人をＯｒｉＨｉｍｅの周りに集め、地元奈良県に住む友人に動かしてもらい、シチュエーションを変えながらＯｒｉＨｉｍｅとＴＶ電話と比べて「**一緒にいる気がするか、どう**

いろいろなバリエーションを、すべて手作業でつくっている。

か？」といった実験を繰り返した。

ただ、こうしてOriHimeの実験も始めたが、次にこれをどうするかはまだ深く考えていなかった。経営者でもある大学講師に製品化できないものかとかいろいろ相談してみたりした。結局、誰にも相手にされなかった。


当時、あまり理解者がいない中で、分身ロボットのコンセプトに強い関心を示してくれていた貴重な1人が、JSEC2006の優勝者の**結城明姫**である。彼女はJSECのあと、私と同じようにISEFに日本代表として参加するはずだったが、結核を患い、半年近く学校を休むことになったことで機会を逃した過去があった（もっとも、彼女は2年連続JSEC受賞を成し遂げ、その翌年にISEFに行っているのだが）。

彼女とはJSEC同窓会を立ち上げたときの仲間で、2009年にはJSEC歴代ファイナリストやその友人を中心に屋久島に3泊4日キャンプに行くイベントを私が企画し、事務的な協力をしてくれるなど交流があった。その屋久島のキャンプ場で、天体観察をしながら分身ロボットのコンセプトを説明したとき、それがあったら結核で療養中、できることがたくさんあったと背中を押してくれたのだ。そのときのことを覚えていたのか、ＯｒｉＨｉｍｅが出来たとき、「起業してみてはいかがでしょう」と連絡をしてきた。

起業というとどんなイメージがあるだろうか。私はあまりに自分から離れた世界の気がして、「あまりお金儲《もう》けには興味がない」と即答した。しかし、結城が言う。

「吉藤が1人でやっているうちはそのままでいい。吉藤の情熱だけで進めていける。でも、分身ロボットを世界中の必要な人に届けるためにはチームをつくる必要がある。吉藤がいなくなっても維持されるような社会のシステムにしなくてはいけない。社会のシステムはお金の循環、お金が回るから人が動き続ける。市場を作り、サービスを提供できる社会のシステムをつくるのがビジネスですよ」

私はビジネスの勉強を始めることになった。

ちなみに２００９年の屋久島キャンプには、のちにオリィ研究所に入社するエンジニアの神林氏や、パンフレットデザインを担当する山内氏も参加しており、まだ形にもなっていない分身ロボットのコンセプトを語っていた。そのときはまったく意識していなかったのだが。

コンテストのすすめ

起業するにしてもＯｒｉＨｉｍｅが本当に困っている人にとって使えるかの確信はない。どうしようかと考えたのち、２０１０年、学内で1年前から始まった、ローム社がスポンサーの「ＷＡＳＥＤＡものづくりプログラム」というものづくりのコンテストに応募することにした。

ＩＳＥＦ以来、5年ぶりのコンテストだ。デザイナー志望の友人にアドバイスをもらいながらポスターを格好良くデザインし、演劇をやっている仲間に協力してもらい、演出にもこだわり、大会に備えた。その結果、優勝することができた。この大会で優勝したことで数名の教授と知り合うことができ、病院を紹介してもらうことで、のちに病院で試験的な利用をしてもらえることにつながった。

またビジネスのコンテストがあると知り、東京都主催の「学生起業家選手権」を見学に行った。ビジネスコンテストがどんなものかわかったところで大学のオープン科目であったベンチャー起業家養成基礎講座を受講しビジネスプランを書き、講義の最後にあるビジネスプランコンテストでは、商学部の受講生が真面目なビジネスプランを説明する中、ロボットが登場して動きまくるという奇抜なプレゼンで優勝。それにより、早稲田インキュベーションセンターに「オリィ研究室」の看板をつけてもらい、起業家の先輩らからビジネスの基礎を学ぶことができるようになった。

また翌2011年、きちんとビジネスプランの書き方を学ぶために、ＯｒｉＨｉｍｅとはまったく別のビジネスプランで三鷹《みたか》市で開催されたビジコンにも結城と共に出場し、2位となる優秀賞を受賞した。

ロボットの大会でも、ビジネスの大会でも、「ここまでやるか！」と全員を驚かせた人が勝つ。これで十分だろうではなく、とことん勝つことを考え、徹底的に準備をする。ビジネスプランをしっかりブラッシュアップするのはもちろん、会場の下見をさせてもらい脳内イメージをしっかりつくったり、審査員が公開されているときは、その人の過去のインタビュー記事などを見て、どういったビジネスモデルや言葉のフレーズが刺さるかをリサーチしたりした。台本も何パターンも用意し、アトリエにプロジェクタとスクリーンを買って役者をしている友人のジョンソンと一緒に伝わりやすい話し方の練習を何日もかけて行った。そこまでしなくていいだろうと人に呆《あき》れられるくらいが目安だ。何事も徹底的にやるのは難しい。ほぼ自分との闘いでもある。

その後、「キャンパスベンチャーグランプリ（ＣＶＧ）東京」、前年度見学した「学生起業家選手権」という、学生対象のビジコンではトップ2と言われた両大会で優勝することができた。

実はその間、結城は大学のカリキュラムでロンドンに約1年の留学中だったが、そのタイミングでの留学はＯｒｉＨｉｍｅのとても良いテストのチャンスとなった。

ＯｒｉＨｉｍｅでミーティングや事前セミナーに参加し、学生起業家選手権の際は、結城がロンドンからＯｒｉＨｉｍｅの姿で審査員の質問に答えるなどし、1万キロ離れていても分身ロボットを使うことで共同プレゼンや仕事ができるということを証明した。高校時代に結核になったことで世界大会ＩＳＥＦに出られなかった結城にとってのリベンジを果たす形になった。

これらの大会で得られた賞金やメンターの協力をもとに、会社をつくることになる。また、大会をきっかけに紹介されたリバネスの丸社長が、ＯｒｉＨｉｍｅの一番はじめのユーザーとなったり、起業を支援してくれる変わり者の東京都職員の鳥井氏と出会ったり、スタンフォード大学のアントレプレナーシップ・ブートキャンプ２０１２に日本代表として参加、シリコンバレーを見学できたり、ＮＨＫで10分間特集してもらえることになったりなど、非常に得難いチャンスに恵まれることになった。

コンテストの醍醐味《だいごみ》は素晴らしい人との出会いが得られることだ。コンテストをただの腕試しや、賞金稼ぎのみを目的にするのはとてももったいない。尊敬すべき友人たちや恩師らとの出会いは、質の良いコンテストから得られる。

特に、高校生には「ＪＳＥＣ」を勧めたいし、大学生や社会人にはＣＶＧや「夢アワード」をお勧めしたい。運営が力を入れている良いコンテストは、過去のファイナリストを大事にし、大会が終わったあとも受賞者同士をつないでくれる。

賞金は使えばなくなるし、栄光は時間と共に消えるが、良い出会いはその後ずっと人生を豊かにしてくれる。

第6章

必要な人に広がる分身ロボット

使う人たちと一緒に未来をつくる

よく「ユーザーの声を聞け」
というものがあるが、聞くことよりも
反応を観察することが重要だ。

初めてOriHimeを使ってくれた人

人は人と出会うことで自分や環境を変化させていく生き物だ。

しかし、ただ家で待っているだけでは、多くの出会いも望めない。出会うためには外に出なくてはならない。人は人と出会うために家から出て、外へと出かけていくのだ。

初めてビジネスプランを書いていた頃は不安だらけだった。

そもそも分身ロボットというコンセプトは本当に通用するのか？

私や結城は、入院している人や家から出られない人の役に立つと考えていたが、それは本当なのだろうか？　できれば病院の先生や、入院している利用者が使ってみて、試してみた声がほしかった。

しかし、普通の大学生の私にそんなコネはなく、ＯｒｉＨｉｍｅを開発してからも使われないまま、約1年が過ぎようとしていた。

そんなあるとき、早稲田大学の「ベンチャー起業家養成基礎講座」のビジネスプランコンテストで優勝したあと、審査員だった須田仁之さんに連れられて、人に会いに行くことになった。その相手とは、**株式会社リバネスの丸幸弘社長**だ。

四ツ谷にあったリバネス社に行くはずだったのだが、約束の日になって急遽《きゅうきょ》、「丸社長がアキレス腱《けん》を切って入院したから病院に来てほしい」ということになった。

事態は急展開したが、私は須田さんと共に、都心にある病院の個室に案内された。

急な入院で日程を変更するわけでもなく、ベッドで横たわりながらも学生と会うという丸社長には驚いたが、なるほど経営者とはかくあるべきなのだろう。病室で丸社長と会った直後、私がＯｒｉＨｉｍｅのことを説明するより先に、

「明後日《あさって》から社員旅行だったのに、それに行けなくなったのが残念だ！」

と丸社長が言い出したので「ああ！　ちょうどいいものがあります！」と、私は今こそ運命的なタイミングだと直感してＯｒｉＨｉｍｅを差し出してみた。

「おおお――――っ！」

かくして分身ロボットの初めての実利用は、アキレス腱を切った丸社長による社員旅行の参加として始まった。

当時、ＯｒｉＨｉｍｅの外装もいろいろとテストしており、今回は犬のぬいぐるみの外見をした「犬型ＯｒｉＨｉｍｅ」を使っていただいた。可愛い外装のほうが喜ばれるかもしれないと、裁縫が得意な友人が有志でつくってくれたのだ。リバネスの社員旅行の当日、丸社長は病室からＰＣを操作しながら、社員に抱えられた犬の姿で旅行に行き、夜はみんなの前で乾杯の音頭をとられた。

腕がついていない代わりに尻尾《しっぽ》を振ることができ、それを見た社員からは「丸さんが喜んでる！」と盛り上がったそうである。その後、会社説明会にも、なんと丸社長は犬の姿で出られたそうだ。

「面白かった！　入院していても遊びに行けるし、仕事もできる！　ずっと接続しっぱなしにしていたから一緒に旅行に行った気分だよ。これはいいね！」

後日、丸社長に会うと大絶賛の言葉をいただいた。

そして、しっかり課題もいただいた。

「ただね、1つ問題がある。僕のことを皆が犬扱いするんだ」

丸社長とはその後、医師である明星智洋先生を紹介していただいたり、開発の多大な支援をいただく墨田区の浜野製作所と浜野慶一社長を紹介していただいたりすることになり、株式会社を設立するにあたっては出資も受けることになる。

病室での出会いは今でも2人の笑い話になっている。

同時期、丸社長とは別に「WASEDAものづくりプログラム」をきっかけにお世話になった教授の紹介から、都内の総合病院でＯｒｉＨｉｍｅが使ってもらえることになった。小児科の無菌室に長期入院している少年が対象だった。

感染を防ぐため、彼はその個室で毎日1人きりで過ごしていた。

家族もお見舞いに来るのだが、それでも1日の大半は1人ぼっちだ。漫画やゲームなど部屋には気晴らしになるものがたくさんあるものの、本人は寂しさから無気力になっているという。小学生以下の子どもは立ち入りが禁止されていて、兄弟とも会うことがままならなかった。その子が使うと元気になれるのではないかと、主治医の先生が「分身ロボット」を家族に紹介してくれたのだ。

担当医や家族とも相談して、まずは1週間使ってみようという話になった。

彼の自宅にＯｒｉＨｉｍｅを置いて、家族がいる間は常時接続、いつでも皆と会話ができるようにする。朝になったら少年がＰＣを立ち上げてＯｒｉＨｉｍｅのアプリを起動すると、家族側のリビングに置かれたＯｒｉＨｉｍｅも起動して家族とコミュニケーションがとれる……。家族が誰もいなくなったり、夜寝る前になったりするとアプリを閉じるという使い方だ。

ＯｒｉＨｉｍｅを預けたあと、私は不安でいっぱいだった。

長期の、しかも子どもに使ってもらうのは初めてで、しかも私が一番使ってもらいたいと思っていた対象でもあった。天井を見続ける生活の辛さはよく知っていた。

しかし……である。この分身ロボットが本当に孤独を緩和できるのだろうか。もしかしたら、多くの人に言われたように、まったく私の勘違いで役に立たないものなのかもしれない。

病院に分身ロボットの環境をつくって4日くらいあと、担当医から連絡があった。

「吉藤さん。分身ロボットを使っていて、私たちが想像していた以上に、彼は楽しそうに毎日話していますよ。笑顔も増えました。ご家族から、もう1週間延長して使ってみてもいいか、と言われましたが、かまいませんか?」


人生で最も嬉《うれ》しい瞬間の1つだった。

その後も、「外にOriHimeを連れて行ってもいいですか?」など、活発に使ってくれている報告があった。さらに、その1週間後には、ふたたび延長させてほしいとの連絡があり、結局は退院するまで、ずっと使ってくれた。

後日、彼はインタビューで話してくれた。

「家族と一緒にテレビを見たのが一番楽しかった。家に遊びに来た友達とも遊べた」

ご家族の方々からも、

「はじめはただのロボットの形をしたTV電話だと思っていましたが、動きがあるので、本当に息子がここにいるような感覚になってきて、家族皆が精神的な安心感を得られました」

また、担当医の先生らからも、次のような嬉しいコメントをいただくことに。

「とにかく笑顔が増えましたね。今日、家でこんなことがあったと話してくれるようになりました。気持ちが回復したから、身体《からだ》の回復も早くなったんじゃないでしょうか」

返却されてきたＯｒｉＨｉｍｅの取説には、こう添え書きされていた。

「ありがとうございました。ぜひ他の人にも使ってもらいたいです」

２００９年の春に開発をスタートして、不安になりながらも自分がほしいものをつくり、改良に改良を重ねたものが、２０１１年の冬になって、ようやく丸社長や長期入院の少年とその家族に、「これは使える！」とお墨付きをいただくことになる。それまでのあいだ2年半もかかってしまったが、自分がやっていたことは間違っていなかったと感じられた瞬間だった。

喜んでもらえ手応えを感じる体験を経て、ここからはようやく自信を持って本気で取り組むことができるようになった。

創業メンバーとの縁

今、創業時をふり返ってみて良かったと思えるのは、とにかく起業しようと焦って、すぐに登記しなかったことだ。実のところ、結城に「会社組織にしよう」と言われてから2回ほど登記を考えたが、思いとどまった。もし、あのとき登記をしていたら、きっと会社をすぐ畳むことになっていただろう。

というのも、そのときはビジネスが何かもわからず、ビジネスコンテストを見学するよりも以前で、起業経験のあるメンバーもアドバイザーもおらず、そもそもベンチャーの意味すらわかっていなかった。わりと思い立ったが吉日の性格なので、会社とかよくわからないがなんでもやりながら考えればいいかと、とりあえず定款をつくり、法務局に行ったくらいで、「Ｏｒｉ．Ｈｉｍｅが本当に役立つと確信が得られてからでも遅くないんじゃないか」と思い直したのだ（まあ、それはそれで会社がすぐ潰れて、すぐ新しくつくり直しただけかもしれないが）。

会社の創業は３人のメンバーでやろうと思っていた。

２０１０年に初めて結城に起業の話を言われた段階で、もう１人、一緒にやりたいと言った後輩がいたが、彼とは意見が合わず半年後に別れてしまう。さらにその後、入れ替わりで入ってきた同い年の学生は、いつのまにか就職していなくなり、その後また加わった年配のメンバーも、やりたいことと違うと言って去っていった。一緒にやろうと言ってきた人が次々といなくなるので、さすがに私もへこんでいた。

転機となったのは２０１１年12月、東日本大震災の福島被災地ボランティア関連の集いに参加したときのことだ。ボランティアメンバーのリーダー格の女性と意気投合し、クリスマスパーティーの集いに参加したときのこと。たまたま出会ったプログラマーの男性が、なんと私のアトリエの数軒隣に住む人で、Ｏｒｉｈｉｍｅのソフトウェアについてアドバイスをくれていた。その男性が「そういう起業をするなら凄腕《すごうで》のプログラマーがいるぞ」と紹介してくれたのが、創業メンバーの椎葉嘉文である。

ただ、それまで様々なメンバーが来ては去っていったので私も慎重になっていた。まずはお互いを知る意味でも、遊びで簡単な玩具をつくることにした。私が外装と回路をつくるので、椎葉はプログラムをつくり、それぞれがつくったものを持ち寄り、３週間後に組み合わせてみようということになった。

私の思いつきで考えた、ロボットに搭載されたスマホの画面情報をセンサで読み取り、ロボットを動かすという玩具だ。映像をつくれば意図通りに動かすこともできるし、スマホの中の適当な動画を再生するとランダムに動く。私がロボットをつくり、椎葉がつくったプログラムと連携させてみたところ、トラブルもなく見事に一発で動き、盛り上がった。完全にオタクな２人である。

そうしたものづくりの中で、彼の能力は本物だと感じた私は、２０１２年の夏、結城がロンドンから帰ってきたタイミングで「ぜひ一緒に起業してほしい」と誘い、了解を得た。そして２０１２年９月、３人で会社を創業した。

ＯｒｉＨｉｍｅパイロット番田雄太

現在、私がオフィスのデスクで仕事をしているとき、机の隣には毎日１台のＯｒｉＨｉｍｅがいる。講演会などで大勢の人の前で話すときもいつも一緒にいて、声をかければ私の方を向きながら返事をし、手を振れば振り返してくれる。話しかければうなずいて、質問をすれば答えてくれる。

「今日のスケジュールのＡさんとのミーティングってどんな約束だっけ？」

「待ってね、調べる。それは先日○○の講演会で名刺交換をして、一度取材に来たいってメールをくれた○○大学の方だよ」

「ああそうだった、ありがとう。『本日、お気をつけてお越しください』とリマインドメールを送ってくれ」

ロボットが右手をあげる。了解の合図だ。直後、私をCCに入れたメールが送信される。この分身ロボットは、私の秘書だ。

AIを搭載していて、一緒に仕事ができるうえ遊び相手にもなってくれるパートナーロボット……一見、そう見えるかもしれないが、けっしてAIではない。私の友人が遠隔で操作し、私の秘書として会社に出勤しているのだ。

操作する友人は、分身ロボットOriHimeに搭載されたカメラ、マイク、スピーカーを使って周囲を見ながら音を聞いて、話すこともできる。

どこから操作しているかというと、盛岡の病院、もしくは彼の自宅からだ。

彼の名は**番田雄太**。「第1章」でもふれたが、OriHimeパイロットにして私の秘書である。彼は4歳のときに交通事故に遭った。命はとりとめたが頸髄《けいずい》損傷になり首から下のあらゆる感覚を失い、呼吸器を装着した寝たきり患者となった。以後、学校にも通えず、友達もつくれず、療養生活を20年以上続けてきた。

今、彼はインターネット越しにOriHimeを操作しながら毎日会社に出勤、私の秘書として書類作成やスケジュール調整、メールなどの仕事をしてくれている。

これまで3年間、一緒に活動をしている仲間であり、おそらく今、人類で最も長い時間、分身ロボットを操作して生活している人間でもある。

彼と知り合ったきっかけも些細《ささい》なことだった。とあるコンテストに応募していたときのことだ。コンテストエントリー者のページに私の活動が詳しく書かれていて、番田は、そのサイトを知人に教えられて見たらしい。突然送られてきた番田からのFacebookのメッセージには、20年以上も寝たきりで入院していること、同じ病室にいた子どもたちは外の世界を見ることもなく亡くなっていき、それを何もできず見続けてきたということ、ＯｒｉＨｉｍｅのことを知り、自分も何か一緒にやりたいことなどが書かれていた。

彼のFacebookページの写真を見て、私は驚いた。彼はこの長文のメッセージを顎だけで書いていたのだ。私はすぐに連絡して、ＯｒｉＨｉｍｅを操作してもらった。彼は呼吸器を装着しているが話すことができる。

学校とは何か、友達とは何か、生きるとは何かなど、いろいろなことを話しているうちに会いたくなり、盛岡の家を訪問した。

彼は20年以上も学校に通えず、友達もおらず、それこそ寝たきりで天井ばかりみて生きてきた。何かしたいと言っても誰もかなえてくれない。しかし彼は諦めず、10歳のときには顎でペンマウスを操作し、PCを操作する手段を身につけ、インターネットを使って外部との接点をつくっていた。

世間の常識もわからず、知らずに失礼な言葉を使い、長文を大量に突然送りつけるなどしていたが、彼は生きることを諦めていなかった。生命維持装置につながれ、「ただ生かされる人生は嫌だ。私は生きたい。人は誰もが自分の人生を生きる権利があるのだ」と、信念を持っていた。病室で亡くなっていく子どもたちと出会い、言葉も交わせず亡くなっていくのをただ見続けることしかできなかった悔しさが彼に使命感をもたらしていた。

番田は今でこそ普通に口頭で話せるようになったが、当時はあまり長く話すことはできなかったのでチャットで毎日語り合った。私は自分が経験した対人克服の経験や方法を、番田に教えた。番田はそれを自分なりにアレンジし、チャットや、それこそＯｒｉＨｉｍｅを使って友人を増やしていくことにした。もしかしたらその行動は、同じような人たちの社会復帰の役に立つ前例になれるかもしれない。

それ以来、共に講演活動をするようになった。私がＯｒｉＨｉｍｅの話をし、番田がそれを操りながら会場に参加。体調の良いときは彼本人の声で、体調が優れないときはあらかじめ原稿をつくっておいて、番田がＯｒｉＨｉｍｅの発話機能を使うことでスピーチをする。

番田ははじめ、人と話したことがない自分には自信もないし、学校に行ってないから人に教えられるようなこともないと言っていたが、その番田だからこそ、伝えられるテーマがある。コミュニケーションの大切さや、もうひとつの身体たる分身をつくるうえで必要な機能について語ることができる。20年以上の寝たきり経験、入院生活で見てきた孤独な世界を伝えられるのは彼しかいない。

私がＯｒｉＨｉｍｅの新機能をつくり、彼がそれを使っては評価をし、改善点を羅列する。その繰り返しが今のＯｒｉＨｉｍｅの形状やデザイン、機能に反映されていった。

また、私と番田の二人三脚での講演は、ありがたいことに口コミなどで広がり大好評をもらっている。講演料もあがり、番田もお金を得られるようになっていった。

これまで彼と200回以上講演をしている。私も番田ももともと人見知りのタイプだったが、200回も講演しているとだいぶ慣れて、お互いに話し方が上達したと言っているがどうだろうか。

講演が増え始めた頃から、講演依頼のスケジュール管理などを番田が担当するようになり、仕事も増えていったので、2015年7月からはオリィ研究所に入ってもらうことにし、正式に私の秘書になってもらった。

毎日オフィスに出社しながら仕事をして給料を受け取る。多くの人と出会いをつくり、受け取った給与で母親に服を買ってあげたり、友人をもてなしたりしている。お金があれば、彼もストレッチャーで新幹線や介護タクシーを使って東京に遊びに来ることができる。

そのときはＯｒｉＨｉｍｅで出会った多くの人たちが集まってくれて、番田を中

OriHime を通して番田さんが出会った友人たち。

ペンマウスを操作しながら文章を打つ番田雄太さん。

心に食事会が行なわれる。ＯｒｉＨｉｍｅをきっかけに、実際に人とつながれるのは、私の望んでいた形でもある。

私も彼が東京に来た際、サプライズでランチに誘われ、数千円くらいするコースをご馳走《ちそう》してもらった。「お金は大事に使えよ」と言ったところ、「これ以上の使い方があるか?」とニヤリ。いい相棒である。

ＡＬＳ患者の孤独を解消せよ

我々の仲間で「分身ロボットＯｒｉＨｉｍｅ」を使っているのは、番田だけではない。第1章でも書いたが、ＡＬＳという難病を患った人たちが分身ロボットを使い、開発に協力してくださっている。

ＡＬＳとは、「Amyotrophic lateral sclerosis ＝筋萎縮性側索硬化症」という難病の略だ。重篤な筋肉の萎縮と筋力低下が急速に進行し、個人差はあるが、発症後3

〜5年くらいで身体がほぼ一切動かせなくなって寝たきりになる。呼吸筋も麻痺《まひ》し、自発呼吸が困難になって呼吸器をつけるかどうかの選択をすることになる。

呼吸器をつければ延命できるが声を失うことになり、意識や思考、痛覚などの五感はそのままに、寝たきり状態となるため「閉じ込め症候群」と呼ばれることもある。どうしてこの病気が発症するのか原因も解明されておらず、根本的な治療法などもまだ確立されていない。

ＡＬＳとＯｒｉＨｉｍｅの関わりは、２０１３年３月、Ｙさんという女性との出会いがきっかけだった。

福島ボランティアつながりで知り合った友人に、「ＯｒｉＨｉｍｅを使わせたい人がいるけれど、操作が難しいと思うので一度会ってくれないか？」と紹介を受けた。紹介されたＹさんは、私が聞いたことのなかったＡＬＳという病気でベッドで横になっていた。掛け布団から出た頭で、普通に話したり、笑ったりすることはできるので、ただ寝ているだけのようにも見えた。ただ、彼女のＡＬＳは進行中で、既に首から下の身体を自分で動かすことはまったくできなくなっていた。

本人と家族の希望から、ＯｒｉＨｉｍｅで花見に行ってもらった。ちょうどマンションの下には見事な桜が咲いていて、家族がＯｒｉＨｉｍｅを持って桜を見に行き、コンビニで好きな飲み物を買って帰った。お母さんと一緒に久しぶりに散歩できた気分だと、家族もＹさん本人も大変喜ばれていて、私も嬉しくなった。ただ、そのときＹさんはモニターを見て声を出すばかりで、ｉＰａｄやＰＣを操作しながら、ＯｒｉＨｉｍｅを動かすことはできなかった。動かすことができれば、もっと自由に周りの景色を見渡したり、一緒にいる家族の顔が見えたりするのだが。

そこで、Ｙさんが操作できる方法を研究することにした。自由研究プロジェクトとして有志を募ったところ、創業者の椎葉、大学の友人で義手の研究開発をしている粕谷、オリィ研究所にインターンに来ていた大学生の河西、Ｙさんの友人の清水さん、そしてＹさん本人が仲間に加わってくれた。

はじめは脳波の研究をしている友人に相談に乗ってもらい、脳波を読み取ってＯｒｉＨｉｍｅの首を上下に動かすプロトタイプをつくってみたが、練習もかなり必要なうえに装着するセンサーも窮屈で難しく、実用的ではなかった。そこで義手の研究をしている粕谷が筋電センサーをつくり、目が最後まで動くなら、目の周りの筋肉の神経信号を読み取りながら、ＯｒｉＨｉｍｅを動かすシステムをつくった。

そしてＹさんの家に行き、顔の上にアームでモニターを固定し、ＯｒｉＨｉｍｅの視界が見えるようにしたのである。Ｙさんの目の動きによって、ＯｒｉＨｉｍｅの首を左右に動かせるようになった。

実際にＹさんに使ってもらったのが４月。

Ｙさんと初めて出会ったのが３月だったので、１か月のあいだでうまく仲間を集めてプロトタイプを開発し、ユーザーテストまで始めることができた。インターンの河西も、頻繁に通ってヒアリングなどをしてくれていた。このスピード感は頼もしい。

その後の５月から８月は、Ｙさんの自宅がラボになった。頻繁に出入りをさせていただいては、Ｙさんに使ってもらいながら改良に改良を重ねた。

「これはいいんじゃないか」と思っても、いざ使ってもらうと使えなかったり、逆に気づかなかった些細なことで喜ばれたりと、使ってもらって初めてわかることは多く、Yさん自身が非常に熱心に関わってくれたことで得られたことは多かった。

ちなみにYさんは姉御と呼びたくなるような豪快な性格だ。いつもゲラゲラ笑っていて冗談ばかり言っている。突然、「息子が不登校でひきこもっているから声をかけてやってほしい」と頼まれ、「ええー⁉　それでは」と思いながら隣の部屋に行って息子さんと一言二言会話し、そのことをYさんに報告していると、当の息子さんは元気に「じゃあ行ってきます！」と出かけて行った。私たちがポカーンとした顔をしていると、Yさんは「あっはっは、騙《だま》されたな！」と大爆笑。

寝たきりなのにヘビースモーカーで、あんなにタバコを吸いまくる患者を今まで見たことがない。ただ、気丈な性格からなのか、自分が寝たきりになってやせ細った姿を親しい人には見せたくないと、人と会うことや車椅子で外に行くことを避けていた。そんなこともあって、OriHimeなら姿を見せずに友人の家に遊びに行けると本人も期待をしていた。

8月には念願だった友達のBBQパーティーにＯｒｉＨｉｍｅで参加してもらった。Ｙさんは友達らと会話をしたり、語り合ったりした。Ｙさんも友達もとても喜ばれたひとときだった。

しかし、その翌月、Ｙさんは病状が悪化。呼吸が安定しなくなり、実験のキャンセルが多くなった。そして私がＹさんと出会った、ちょうど1年後の春、呼吸器をつけることを拒否したまま永眠された。

Ｙさんと私たちの活動を撮影してくれた海外の番組がある。

その取材の途中、どうしてＯｒｉＨｉｍｅの研究に参加されたのですか？　という質問に対し、Ｙさんはこう語ってくれたことが印象的だった。

「私が家族との会話に使いたいこともあるけれど、それ以上に、私が参加することで、私のこの経験が他の患者さんを助けることにつながる。だから、一緒にやっている」

Ｙさんから教えられたことは計り知れない。

強力な応援者の存在に助けられる日々

私のものづくり研究は、徹底的に現場主義だ。

研究室や会社にひきこもって、どんなにいいと思えるものをつくっても、実際に使ってもらうと望まれないものだったり、逆に、些細なことと思っていた改良がものすごく喜ばれたりするものだ。番田も、Yさんもユーザーであり、一緒に改良していく協力者になってくれたことが大きい。

課題を見つけ、私がアイデアを出し、つくったものを使ってもらうことで実際に使えるのか判断し、使えるならそれを改良する……を繰り返していくのだ。

よく「ユーザーの声を聞け」というものがあるが、私は聞くことよりも反応を観察することが重要だと考えている。結局のところ、実はユーザー自身も、自分が最もほしいものを知っているわけではないのだ。そこで私がアイデアを考えたり、プロトタイプを使ってもらったりする中で「ああ！　これがほしかったんだ！」と気づくのであり、私もその反応によって、このアイデアが優れているかどうかに気づくことができる。

Yさんが亡くなったあと、プロジェクトメンバーは一旦解散したが、ALS患者が「目で、もうひとつの身体を動かす」というコンセプトは、私個人の自由研究として継続していた。ベッドの上で何もできない、それゆえに生きることを選択しないという状況は、**「私の解決したい孤独問題そのものだ」**と思ったからだ。その頃には日本ALS協会のメンバーをはじめ様々な患者さん、支援者とつながりを持つようになった。

藤澤義之さんもその1人だ。藤澤さんは現在80歳、元日本興業銀行会長、メリルリンチ日本証券会長を務められた経歴を持つ。65歳でALSを発症。今、藤澤さんは頬と口、目をわずかに動かすことしかできなくなってしまったが、眼球を動かすことでOriHimeを動かしている。2013年冬からOriHimeを長く使ってくださっているユーザーだ。

藤澤さんの家が私の家と近かったこともあり、頻繁に通っては研究&改良を続けさせてもらった。藤澤さんにとって最高にほしいものをつくれば、他の患者さんもきっと喜んでくれるだろう。筋電センサ方式は患者さんの顔にセンサを貼らないといけないことで、気持ち悪さや使い勝手の悪さが指摘されていたので、赤外線カメラを使った視線検出方式のセンサをモニタに装着、患者さんは何もつけなくとも、目の動きを読み取れるようにした。

Yさんのときもこの方法を考えついていたが、センサが数十万円したため実用面で諦めていた。しかし、この先は視線入力に対応するデバイスも増えてくる。そのために先に研究しておくのもよいだろうと考え、購入して使えるようにした。

藤澤さんの家に来客があったときにＯｒｉＨｉｍｅで手をあげたり、バイオリンの演奏会で皆と拍手を送ったり、介護者の言葉にツッコミを入れたりするなど、コミュニケーションが活発となったことで、精神的にも元気になったみたいと奥様にも喜ばれた。

そのうち、Ｏｒｉｈｉｍｅの動きだけでなく、文章を入力したいと言われ、藤澤さんのベッドの横で直接プログラムを書くような開発を1年ほど繰り返してみた。

様々な入力方法を試しながら、「どうもうまく入力できないな」と困っているとき、普段ＡＬＳ患者さんとのやりとりで使う「透明文字盤」に注目してみた。ＰＣ画面上のキーボードは目で押しにくいのに、透明文字盤は使えている。この透明文字盤をプログラムにやらせたらどうなるだろうか……。そのような発想から2015年9月に生まれたのが**「デジタル透明文字盤」**と命名した方式である。

最大の特徴は、これまでのソフトウェアキーボードはＰＣ画面上で固定されていて、目で押したいボタンを選ぶ方式だったのが、「デジタル透明文字盤」は見たい文字の方に目を向けると、キーボードが画面をスライドしてくるのである。スライドの速度は、自分の視線の先が画面の中心から上下それぞれ、どれだけ離れているかによって決められていて、視線の先である目標の文字が中央に近づくと速度が落ちてきてやがて速度0になる。そのときの文字が選択されるという仕組みだ。

「新しいアイデアができたぞ！」と、さっそく藤澤さんの家に持って行って使ってもらったところ、すらすらと確実に文字を入力することができた。藤澤さんご自身も使いやすそうだ。私もその時点までは軽い実験の気持ちだったが、あまりに確実に入力できることで、それを見ていた支援者の方が「特許を取ったほうがいい！」と叫んだことで、国内＆国際両方の特許を申請し、製品化することになった。

その後、藤澤さんはＯｒｉＨｉｍｅを通して私にアドバイスをしてくださるようになり、オリィ研究所にも多額の出資、今も顧問として関わってくださっている。うちの会社には番田と藤澤さん、２名のＯｒｉＨｉｍｅユーザーがいることになる。80歳の高齢で、かつＡＬＳという難病のために話すことや動くことができなくとも、人の紹介やアドバイスなどで私たちのような若者を応援してもらえることは本当にありがたい。また、多くの人にこんな働き方、社会への参加の仕方があると希望を与える事例となっている。

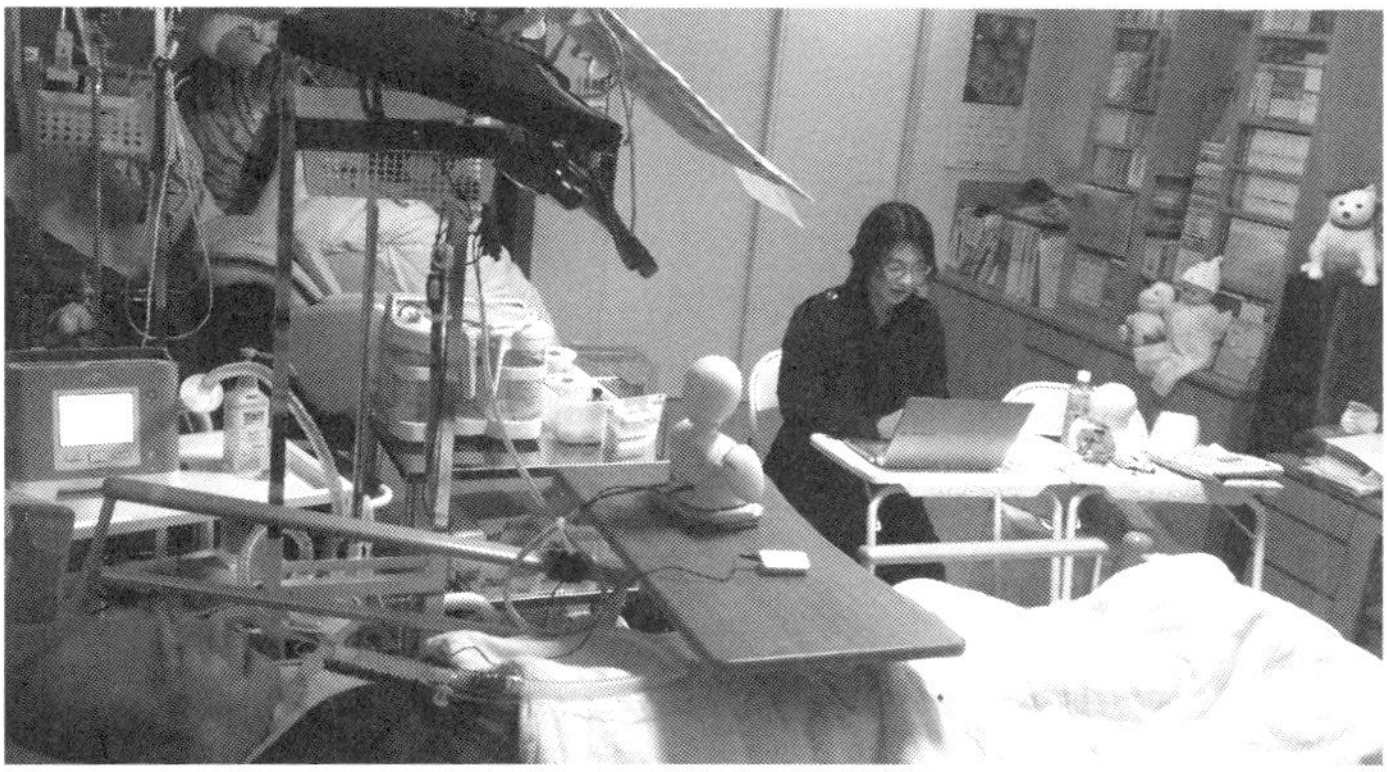

藤澤さん邸にて、目だけで OriHime の操作や
文字入力ができる「デジタル透明文字盤」を発明。

自分への挑戦

私は会社の代表をしているが、どうしても他の人と意見が合わないことが多々ある。大抵、そういうときは、きちんと議論をして決めていくことを選択するが、自分の意志が勝ってしまい、理屈抜きで**「どうしてもこの案件はやってみたい」**と強く思うこともある。そんなときは会社の時間とプライベートを分け、自分の時間内で、1人でやることにしている。

具体的には9時から19時は会社の業務、その後は私の時間だ。藤澤さんとやっていた「ALS患者さんによる視線での操作プロジェクト」などが、どうしてもやってみたいことの例であるが、意外とそこでチャレンジした自由研究が、その後、会社の事業に合流することもある。

創業から半年が経過して開発に明け暮れていた頃、大学の後輩から一通のメールが届いた。「みんなの夢アワード」なる大会に参加してみないかという誘いだった。

優勝特典は2000万円の支援、さらにファイナル7名のプレゼンは日本武道館、約8000人の前で行われるという。正直、もうコンテストはいいかなと思っていたのだが、ALSの患者さんが視線だけの操作で人型の分身ロボットを操り、歩き回りながら8000人の前で挨拶ができればかなりインパクトがある。時代が変わる気がする。これは何としてもやりたい！　と思ってしまった。

ただ、これを会社の創業メンバー、結城、椎葉らに「申し込もう！」とでも言おうものなら、

「そんなことやるくらいだったら堅実な仕事をしよう」「勝てる見込みは何パーセントなんですか？」と喧嘩《けんか》になるのはわかっていた。いや、いつもわりと暴走しがちな私を抑えてくれる慎重なメンバーだからこそ会社は潰れずにすんでいたのだが、このときばかりは、どうしてもやりたかったので2人に内緒で申し込むことにした。

書類審査を通過し、2次審査は日本財団へ行って数人による集団面接。見れば私以外はみんなスーツを着ていた。私はというともちろん黒い白衣である。「あ、こ

れはやらかしたかもしれん」と思ったが、開き直って折り紙を折ったり、黒い白衣の自慢をしたりするなど好き勝手やらせてもらった。結果は、なんと私だけ通過することができた。この大会は私とは相性が良さそうだぞと確信した。そして、その確信通り3次審査も通過し、7人のファイナリストに残ることができた。

めでたく日本武道館でのプレゼンも決まったので、ようやく結城と椎葉にそれを伝えた。2人が「すごい！」「おめでとう！」と驚いてくれたので、もう一声。

「二足歩行のＯｒｉＨｉｍｅをつくって、知り合いのＡＬＳ患者さんに操ってもらうデモンストレーションをやりたい。ついては開発費60万円を使いたいのだが！」

すると2人の顔色が変わった。すかさず結城がこう言った。

「それをつくったことによる勝率の変化はどれくらいか？」

「どうして二足歩行をさせる必要があるのか？　今のＯｒｉＨｉｍｅでは勝てない理由はなんだ？」

そこで、2人に内緒で自分のポケットマネーで密《ひそ》かに開発することに決めた。

プレゼンテーションは準備が9割だ。

それまで、「ここまでやるか」と見ている人に思わせ、驚かせることを意識してきたが、さらにそのうえ自分に「ここまでやれば大丈夫」ではなく、「ここまでやれるのか」と言わせてみたいと考え、本大会までの計画を立てた。

新しい開発を決めたときは11月。「みんなの夢アワード」の本番は翌2014年の2月中旬なので期間は3か月しかない。製作するものは23の関節を持ち、二足歩行でき、視線による遠隔操作もできるＯｒｉＨｉｍｅである。

時間を短縮するために、ネジ以外の金属パーツはまったく使わず、すべて家庭用3Dプリンタでつくることにした。3DのCADを描けば、あとの製造自体はほとんど機械がやってくれる。

3Dプリンタでつくったパーツは、素材の積層の向きによって耐久性に強弱が出て、段ボールのように一定方向に力を入れるとパキッと折れてしまうが、これを2つとも別の向きにして合わせることで十分、二足歩行に耐えうる耐久性が得られることは実験済みだった。

ちょうどその時期、オリィ研究所にインターンに来ていた学生が2人いたので、彼らにものづくりやロボコンのノウハウを教える代わりに手伝ってもらうことにした。

毎晩CADを描き、3Dプリンタで出力。それをインターンのうち早稲田大学2年生の島くんが毎週うちに通って組み立て、デジタルハリウッド大学大学院の稲垣さんに通信系を担当してもらった。

開発当初はすぐ、「こんなもんでいいんじゃないですか?」と口癖のように言い1ミリのズレで妥協を口にしていた島くんだが、ロボットが組み立てられるうちに0・5ミリ以下のズレや外装のすれる音も気になるようになり、「もう少し、こうしたらいいんじゃないですか?」と言うように変わり、2月になると毎日朝から来るようになった。

完成したのは本番の1週間前だ。

私の2月のメインバンクの残高は4000円になっていた。

開発が間に合うだけでは十分ではない。メンタルの準備も必要だ。2年前、200人のビジコンの観客の前で足がすくんで緊張していたのに、今度は8000人の前に立つ、そう思うと夜な夜な嫌な夢を見てしまう。そんな広い場所で堂々と話すというのは、もともと人見知りで人前に立つと目や声、足が震える私にとって並大抵のことではない。それまでのキャンプファイヤーなどの経験を思い出し、緊張しない方法を考えた。

そのひとつとして衣装からこだわることにした。それまでの黒い白衣はだいぶ年季も入っており、デザインもゆったりとした和服風で、ステージ映えするとは思えなかった。前からつくりたいと思っていたコート風の白衣をこの機会につくり直すことにし、服飾系の職人の知人にオーダーメイドを依頼した。部品点数のかなり多い複雑なデザインだと言いつつ、「これはちょっと久々に面白い仕事だ。腕が鳴るわ」と承諾していただき、2月にはおかげで理想的な新しい白衣が出来上がった。

これを着て８０００人の前に立つと思うと、胸が躍った。

さらに、人が集まりネット環境が悪くなると予想される会場の中で、開発したばかりのＯｒｉＨｉｍｅをミスなく3台も動かすという挑戦は、なかなかで気が重くなる。これは一度、きちんと下見に行ってイメージトレーニングもしておかなくては……と電波テストも兼ねて特別に日本武道館の下見をさせてもらい、脳内イメージを固めた。

持ち時間は10分間もない。もし壇上で3台のうちのいずれかのＯｒｉＨｉｍｅが動かないときや途中で止まってしまったとき、当日になって患者さんが体調を崩して状況が変わってしまった場合や、時間がなくなった場合のための台本を、結果的に22パターン用意して暗記。役者のジョンソンと毎晩、発話練習や間《ま》の取り方の研究を繰り返し、録音して電車の移動中に聞き、夢の中でも間違えずにスピーチしているくらいまで練習を重ねた。わりと録音して聞きまくるのは有効だ。

直前に流れる紹介ビデオの演出から口出しし、何度も演出監督に無理を言って舞台上のスライドとカメラの切り替えのタイミングまで打ち合わせさせてもらった。Wi-Fiに干渉が起こるとＯｒｉＨｉｍｅが動かなくなるので、会場のオーディエンスの携帯電話をＯＦＦにする放送を流してほしいとまでお願いをした。

ここまで思い返してみると、正直、大御所の歌手ですらここまで口は出さないいんじゃないか、などと思う。よくここまで私の注文に応えてくれたと、大会運営スタッフの方々には頭が下がる想いである。

舞台上のスクリーンに映すスライドのデザインも、いつも相談しているサイエンスデザイナーの山内氏と相談し、何度もつくり直した。操作してもらう2人の患者さんとも打ち合わせを重ね、その隣にはサポートのスタッフにまで行ってもらう手配をした。二足歩行ＯｒｉＨｉｍｅを操作していただくのは、日本ＡＬＳ協会副会長（現会長）の岡部宏生さんだ。当日は、二足歩行ＯｒｉＨｉｍｅの通信部となるボードのメーカーのエンジニアにも何かあったときのためにと依頼して来てもらい、

10名以上の裏方の仲間や患者さんらとチームとなって登壇した。

それだけ準備をしたうえで迎えた本番当日の朝、リハーサルではＯｒｉＨｉｍｅが１台も動かなかった。さらに、そちらに気を取られて台本も頭から飛んでしまってかなりの持ち時間オーバー。演出監督もご立腹。リハーサルから本番までの７時間、会場に来ていたスタッフ全員でネットワーク環境を見直した。稲垣さんは別のルーターを買いに走り、島くんは二足歩行ＯｒｉＨｉｍｅをバラし、ずっとメンテナンスを行っていた。

そうして迎えた本番。

私の順番は７人中のラストだ。

新型の黒い白衣による登場もうまくいき、ツカみの挨拶までは成功。箱をあけ、１台目のＯｒｉＨｉｍｅが登場。私が呼びかける。

しかし、そのＯｒｉＨｉｍｅはまったく動かなかった。

通信環境の問題だ。操作する患者さんとのコネクションが切れてしまったのである。ダメか……と内心はがっかり思いながら、「……実はこれ、動くはずないんですよね」と、動かなかった場合に想定していた台本へ移行。ところが直後、スタッフが絶妙なタイミングで復帰させてＯｒｉＨｉｍｅが動き出した。

「動いた！」と、良いタイミングでの復帰だと喜びつつアドリブをはさんでもともと第一に用意していた台本へと戻る。その後は順調に進み、いよいよ3か月かけてつくった二足歩行版のお披露目となる。

本来は黒い箱をあけると、二足歩行ＯｒｉＨｉｍｅが立ち上がり、すぐにお辞儀をするはずだった。しかし、動き出さなかったショックを受けつつ、動くかどうかで台本が変わるので、動かないなら舞台袖の島くんがＮＯの合図をしているはずで、ちらっと見たが島くんがいない。

「想定外だ。さてどうしたものか」と思いながらアドリブで数秒かせぎ、動かない版の台本に変更する決心をする直前、突然に動き出した。

万が一のためにと当日来ていただいたメーカーのエンジニアの方が舞台袖から舞

台の真ん中までの距離が問題になっていると気づき、インターンの島くんが諦めず、私の位置から最も距離の近い登場ゲートぎりぎりまでアンテナを引っ張っていた。諦めずに再接続を試行していたＡＬＳ患者の岡部さんとそこのスタッフが接続を復旧させ、ぎりぎりのタイミングで二足歩行ＯｒｉＨｉｍｅは動き出して、お辞儀。手をあげて挨拶ができた。

そして質疑応答では無事3台目が動き出し、当初の目標である「ＡＬＳ患者さんが分身ロボットで８０００人の前で挨拶するデモンストレーション」は達成できた。トラブルだらけだったが、想定していた問題は対処でき、想定外だった問題も乗り越えられた。

限りなく大成功なプレゼンだった。

結果は、優勝した。

優勝で名前が呼ばれた瞬間の気持ちは不思議と穏やかだった。高校時代にＩＳＥＦで「3rd Award」を受賞したときは、あんなに複雑な気持ちだったのに、今回の

「みんなの夢アワード」はスタッフらとの連携で最高のプレゼンを成功させることができた時点で、優勝前から気持ちは最高に満足していた。

3か月でできることをすべてやり、仲間らと協力して、本気を出し尽くすのがこれほど嬉しいことだとは思わなかった。30人の応援団も会場には来てくれていて、みんな飛び上がって泣いて喜んでくれた。

優勝特典2000万円分の融資の権利はとてもありがたかった。

学生が350万円の資本金でつくった会社で、しばらく研究と製品開発ばかりだったため、役員3人は創業1年半のあいだほとんどお金を受け取らず、まともにオフィスすら借りられない状況だったのだ。

そんなときの2000万円はとても大きかった。これで役員報酬を払うことができるようになり、毎日集まるオフィスも構え、社員を1人雇うことができた。それまでサークル活動のようだったオリィ研究所がようやく会社らしくなり、その年からベータ版のサービスを開始、少しずつＯｒｉＨｉｍｅを届けることができるようになり、売り上げもあがり始めた。

現在、ＯｒｉＨｉｍｅは全国の複数の特別支援学校、フリースクール、病院、海外、会社などで使われるようになり、単身赴任や在宅テレワークなどにも使用されるほどに幅が拡がった。フリースクールではＯｒｉＨｉｍｅを使ったことでひきこもりを克服し、学校に戻れるようになった事例も出てきた。

大学の研究室との産学連携、ノルウェーのＡＬＳ患者さん、トルコのシリア人学校、デンマーク大使館など、用途も様々に使われている。

研究所のメンバーも11人（２０１７年1月現在）に増え、さらに拡大していくための準備中だ。

日本武道館でのプレゼンを成功させた仲間たちと。

エピローグ

これまで、「分身ロボットＯｒｉＨｉｍｅ」の活動を通して、様々な患者さんと出会ってきた。そのうちの何人かは既に鬼籍に入られているが、私は彼らと「生きるとは何でしょうか？」とよく語り合ってきた。普通ではあまり話さないテーマかもしれないが、私が天井を見つめながら考え続けていたことがあるように、彼らの多くもそれを考えていた。

そして、それを集約するとこうだ。

「生きるとは、人の役に立つこと」

人に与えられてばかりで、いつもお礼を言う生活。

自分では何もできないのに、大切な人の手を借りることで、生きることができると思ってしまう苦しみ。返せない恩を受け、借りをつくってしまう苦しさ、他人の顔を観察し、わがままを言って嫌な顔をされたら**“何もない自分”**がどうやって挽《ばん》回《かい》すればいいのか、どうやって謝ったらいいのか、どうやったら自分を嫌わずにすむのだろうかと悩む。この苦しみは、体験したことのある人にしか理解はできない。

私はおかげさまで今はひきこもることもなく生活をしている。

私たちにとって、高齢者や困っている人に手を差し出すことは難しくない。それで喜んでくれる人もたくさんいる。感謝されたり、逆に謝られたりしても「気にしないで」と言うだろう。しかしそのとき、相手は嬉《うれ》しい顔の裏で苦しんでいることもあるのだ。御礼に何かしてあげたい、でも何もできない、と。私自身、ひきこもっていた当時は「何か必要だったら何でもするから言ってね」と初対面の人に言ってもらえたものだが、そのたびに申し訳なさでいっぱいだった。

感謝は集めてしまってはならない。送りすぎてしまってもいけない。

何かをしてもらって「ありがとう」と言ったら、次は何かをしてあげて、「ありがとう」と言ってもらえる、つまり〝**循環**〟が人の心を健康にする。

私がつくりたいのはロボットではない。

「その人が、そこにいる」という価値だ。

たとえベッドから動けずとも、意識がある限り人は〝人の間《あいだ》〟社会の中にある。

私がつくりたいものは、あらゆる状態でも、人に何かをしてあげられる自由。人から遠慮なく受け取ることができる〝普通〟を享受できる自由。そこにいてもいいと思えること。普通の、社会への参加である。

人は、誰かに必要とされたい。

必要としてくれる人がいて、必要とする人がいる限り、人は生きていける。

それが私がＯｒｉＨｉｍｅの開発を通して多くの人と出会い、今考えている孤独を解消する答えである。

オリィ研究所は、英語にすると「Ｏｒｙ Ｌａｂｏｒａｔｏｒｙ」。オリィとは折り紙から取った私の名前だが、「〜ｏｒｙ」は「場所」を表す名詞語尾の意味もある。生きる居場所、そこにいていいと思える場所を目指す、というメッセージを込めた。

「分身ロボット」が、これまで行きたくても行けない、会いたくても会えない人たちの「もうひとつの身体《からだ》」となり、たとえ身体が動かなくなっても人と出会い、世界を広げ、死ぬ瞬間まで人生を謳歌《おうか》できる、そんな未来につながることを願ってやまない。

あとがき

このあとがきを読んでいるとき、あなたはどう思ったのだろうか。

私は正直、ここまで大変なことになるとは思っていなかった。

最初の話では、私の話をインタビューし、書き起こして書籍化するという話だった。文章は苦手だがそれなら普段の講演と変わらない。気軽に受けますと言ったこの話、気がつけば、すべてひっくりかえって私がゼロから書くことに。

予想外。

普段、SNSなどで情報発信しているのと同じ要領で書けるかと思ったのだが、ロボットをつくっている理由を書き出すと幼少期からの出来事を順番に書かなくてはならなくなり、結果的に自伝のようになってしまった。講演なら相手に合わせ、相手の反応を見ながら相手が望むように話題を変えるが、これは書籍。編集担当の鈴木七沖氏と相談しながら、まるで中島みゆき「わかれうた」の歌い出しのごとく暗い始まり方になったプロローグ、ここで多数の人がそっと本を閉じるんじゃなかろうか、本当に大丈夫なのかこれで……と思いながら書いたものである。どこかに読み手の反応を見ながら話の内容を変えられる書籍はないものか。私がほしい。

私は「整理」をすることが最も苦手である。

世の中には、言葉やロジックで思考する人と、概念的、抽象的に考える人がいるらしい。私は完全に後者のタイプだ。思考を文章にエンコードするのに呆《あき》れるほどの時間を要する私にとって、この執筆作業はなかなかの苦手作業で、担当の鈴木氏に催促されながら、かなりの時間をかけて書くことになってしまった。

長い執筆期間、おかげで部屋は綺麗《きれい》になり、料理の腕は上達し、DIY家具は増え、スケッチブックのアイデアリストも豊富に溜《た》まった。

諸君、これが現実逃避エネルギーだ。

さて、そんな中でも、今回執筆することにしたのは2つの理由があったからだ。

1つめの理由は、おそらく姿形は違えど、未来で「分身ロボット」は孤独問題など関係なく、今後は様々な場所やシーンで利用されていくだろうと考えるからだ。

これまで惑星探査や震災などの被災地、危険な場所の調査において専門の知識のある人たちが使っていたリモートロボットは、より身近な日常や業務の中で使われるようになった。実際、ＯｒｉＨｉｍｅのここ１～２年の動きは、育児をしながら働きたい方の在宅テレワークとしての用途や、経営者が全国の支店に分身ロボットで顔を出すといった、病院やベッドなどとは関係なく使われ始めている。

これまで、１つの身体《からだ》に１つの心という考え方が一般的で、それゆえに幽体離脱でもしないかぎりは、心や感覚を自分から切り離すことはできなかった。しかし、ＨＭＤ（ヘッド・マウント・ディスプレイ）を使って分身ロボットの視界で外から自分を見ると、脳が一瞬、他人のように認識することがある。人によってはしばらく自分と気づかないほどだ。そうやって人は、初めて心を身体から分離できうる、何かに憑依できるのだと理解することができる。

これまで人類は、足、車、飛行機などを使い、何時間もかけて自分を運んできた。しかし身体の移動のことを一旦置いておけば、精神や存在は瞬間移動させることができる。分身ロボットで、自分が「そこに行っている」という感覚と、周囲の人も「そこに来ている」という感覚がつくれれば、それは「行った」と言えるのではないだろうか。実際、ＯｒｉＨｉｍｅ利用者の中の多くが、「一緒にいた」という記憶や思い出が残っている、と回答している。その人がそこへ「行った」という事実があれば、身体を物理的に運んだかどうかは重要ではなくなる。世界あちこちに分身を設置すれば瞬間移動が可能になる。オリィ式「どこでもドア」システムだ。

離れた1人暮らしのお母さんの家に毎日15分だけ遊びに通ったり、海外旅行の下見ができたり、勉強のやる気がでた瞬間に優秀な家庭教師をすぐに呼べたり、留学してその国の文化や問題を体験することが可能になるだろう。

そしてその一方で、車しかり、インターネットやＡＩしかり、便利なテクノロジーの発達は、必ず新たな社会問題を生じさせる。悪用させないテクノロジーも同時に発達させていく必要があるが、こうした分身ロボットの研究がもともとどういった経緯で進められたのか、書籍という形で残しておきたいと考えたのだ。

生まれつき重度障害を抱え、意識ははっきりとあるのに身体をまったく動かせない子どもが、両親の愛を受けて成長し、学校で友達をつくって語り合い、思い出をつくりながら学んだことを社会で活かして活躍できる。

２０１６年度現在、私たちはそういった可能性を信じて研究しているのである。

この本を書いた2つめの理由は、私の人生設計が30歳までだったことだ。

と言っても、今もこれから先もノープランというわけではなく、30歳が見えてきた今となっては、もちろんその先のことも考えている。

30歳までの人生設計を考えたのは17歳、「残りの人生を孤独の解消のために使おう」と考えた高校生のときだ。「残りの人生」と言ってはみたものの、果たしてそれがあと60年なのか10年なのか1年なのかで、その見え方ややれることはだいぶ変わってくる。

「もっと若いうちにいろんなことに挑戦すればよかった」と、高齢の方が少し後悔されることも多いという。計画を立てるなら、自分に時間がどれくらい残されているのかを考えることはとても大切だと思う。

「今日が人生最後の日だと思って大切に生きよ」という言葉があるが、現実のところ、「明日死ぬ」と本気で毎日思っていたら投資ができないし、勉強なんかしている場合じゃない。ロボットをつくらずにボランティアとか1日でやれる孤独の解消方法を実行したほうがいいだろう。人生があと1年しかないと言われたなら、1年で出来ることを考え、1日1日を自分にとって大切な人たちと大切に生きるだろう。10年でも同じかもしれない。終わりを意識しておくことは有益だ。

17歳のとき、私は人より病気しがちなことに加え、毎年視力が急激に低下していっている時期だった。高校生の段階で既に-12D（最強度近視）のコンタクトを使うようになっていたし、眼科の女医さんに「かわいそうに」と言われた。このままだと失明するぞと言われ、いろいろな対策を試したが、どれもあまり効果がなかった。なんにせよ、視力が失われるのは困る。生きてはいけるだろうが、やはり作業効率の低下は免れない。死ぬまで視力は保ってくれるか、大きな病気や事故にも遭《あ》わず生きていられるかはわからない。あと1年しか時間がないとしたら研究は難しいかもしれないが、13年あれば、何か思いついて実行することができるかもしれない。そのときに考え、以来ずっと意識していたのが、「人間30年計画」だ。この考え方が良いのかどうかはわからない。

何を縁起でもないことを言っているのかと言われそうだが、実際、この考えをずっと持っていたことは、実際のちの様々な決定のときに役に立った。先が見えず辛いとき、学校からのドロップアウトや創業、対人克服、やっていたことを切り捨てるとき、あとはキャンプ場での悔いのない青春時代、躊躇することをなくしてくれた。少なくとも、私にとって、それは良かったことだった。

この30年で悔いはなかったか、やりきれたかと言われると、残念なことに計画通りの順調なものばかりではなかった。やり残したことがたくさんある。しかし幸いなことに、あの頃と比べ体調もずいぶん良くなり、2年に1度の人間ドックでも問題は見つかっていないし、視力の低下も止まっている。まだ時間がありそうだ。

今は決意新たに次の計画を立て、「孤独の解消」にむけて益々活動を続けていくつもりだ。自分の人生30年計画の節目として、本を書かせていただくことにした。

エピローグに、人は誰でも誰かに必要とされたいのだと書いた。

「人や社会から必要とされていて、その期待に答えている実感」があるから、人は苦痛なく人にお願いや助けを求められる。

私にできるのは、それを手助けできるツールをつくり、残すことだ。

たとえ身体が動かなくなっても、どんなに離れていても、人と出会い、家族や友人と同じ時間を過ごし、ありがとうと言い合い、死ぬ瞬間まで人生を謳歌《おうか》できる。

私がつくりたいのはロボットではなく、その未来である。


その未来づくりに、冒頭にメッセージをいただいた方をはじめ、多くの友人、新しい仲間らと、これからも取り組んでいければ幸いだと思っている。

2017年1月1日

吉藤健太朗＝オリィ

吉藤健太朗（よしふじ・けんたろう）
1987年、奈良県生まれ。株式会社オリィ研究所 代表取締役所長
小学校5年から中学校2年生まで不登校を経験、工業高校にて電動車椅子の新機構の開発を行い、国内の科学技術フェアJSECにて文部科学大臣賞、ならびに世界最大の科学大会Intel ISEFにてGrand Award 3rdを受賞。その際に寄せられた多くの相談と自身の療養体験がきっかけとなり「人間の孤独を解消する」ことを人生のミッションとする。早稲田大学にて2009年から孤独解消を目的とした分身ロボットの研究開発に専念。2012年、株式会社オリィ研究所を設立。青年版国民栄誉賞「人間力大賞」、スタンフォード大学E-bootCamp日本代表、ほかAERA「日本を突破する100人」、米国フォーブス誌「30 Under 30 2016 ASIA」などに選ばれ、各界から注目を集めている。

株式会社オリィ研究所
http://orylab.com/

「孤独」は消せる。

2017年3月10日　初版発行
2020年3月1日　第4刷発行

著　者　吉藤健太朗
発行人　植木宣隆
発行所　株式会社 サンマーク出版
〒169-0075
東京都新宿区高田馬場2-16-11
(電)03-5272-3166

編集担当　鈴木七沖（サンマーク出版）
協　力　ぷれす、小原田泰久
印　刷　中央精版印刷株式会社
製　本　村上製本所

ISBN978-4-7631-3566-7 C0030
ホームページ　http://www.sunmark.co.jp